Umschlagbild: Michael Sowa

www.residenzverlag.at

Satz: Fotosatz Rizner, Salzburg
Printed in Austria by Wiener Verlag, Himberg
ISBN 3-7017-1266-2

KATZENSCHNURREN

Ilse Walter (Hg.)

KATZENSCHNURREN

Von Mäusejägern und Zimmertigern

Residenz Verlag

Das geistige Wesen der Katze wird gewöhnlich gänzlich verkannt. Man betrachtet sie als ein treuloses, falsches, hinterlistiges Thier, und glaubt, ihr niemals trauen zu dürfen. Viele Leute haben einen unüberwindlichen Abscheu gegen sie und geberden sich bei ihrem Anblicke wie nervenschwache Weiber oder ungezogene Kinder.
Ich habe die Katze von Jugend auf mit Liebe beobachtet, und mich viel mit ihr beschäftigt, desshalb neige ich der nachstehend wiedergegebenen Schilderung des Naturforschers Scheitlin zu:
„Die Katze ist ein Thier hoher Natur. Schon ihr Körperbau deutet auf Vortrefflichkeit. Sie ist ein kleiner, netter Löwe, ein Tiger in verjüngtem Maßstabe. Alles ist an ihr einhellig gebaut, kein Theil zu groß oder zu klein. Alles ist rund, am schönsten die Kopfform. Die Stirne hat den dichterischen Bogen, das ganze Gerippe ist schön und deutet auf eine außerordentliche Beweglichkeit. Sie scheint keine Knochen zu haben und nur aus leichtem Teige gebaut zu sein.
Halb körperlich und halb geistig ist ihre Liebe zur Reinlichkeit; sie leckt und putzt sich immerdar; sie ist des Schweines Gegentheil.
Außerordentlich ist ihr Muth, selbst gegen die allergrößten Hunde und Bullenbeißer. Sobald sie einen Hund wahrnimmt, krümmt sie den Rücken in einem ganz bezeichnenden Bogen, dem Katzenbuckel.
Zu ihrem Muthe gehört ihre Rauflust, ihre große Neigung zu Balgereien unter sich. Es geht dies schon aus ihrem Hange zum Spielen und ihrem Muthwillen hervor: sie sind Nachtbuben. Mancher Kater kommt in gewissen Zeiten des Jahres beinahe alle Morgen mit blutigem Kopfe und zerzaustem Kleide heim. Dann scheint er gewitzigt und daheim bleiben zu wollen, nicht lange aber, denn er vergißt seine Wunden so schnell als sie heilen und fällt dann in die alte Sünde zurück.
Ihre Liebeszeit ist interessant. Der Kater ist alsdann wild, die Weiber, welche ihn aufsuchen, sitzen um ihn herum; er in der Mitte brummt seinen tiefen Baß hinzu, die Weiber singen Tenor, Alt, Diskant und alle möglichen Stimmen. Das Concert wird immer wilder. Zwischeninnen schlagen sie einander die Fäuste ins Gesicht, und eben die Weiber, die ihn doch aufgesucht haben, wollen keineswegs, daß er sich ihnen nahe. Er muß alles erkämpfen.“

Brehms Thierleben, Leipzig 1876

Sarah Kirsch

Katzenleben

Aber die Dichter lieben die Katzen
Die nicht kontrollierbaren sanften
Freien die den Novemberregen
Auf seidenen Sesseln oder in Lumpen
Verschlafen verträumen stumm
Antwort geben sich schütteln und
Weiterleben hinter dem Jägerzaun
Wenn die besessenen Nachbarn
Immer noch Autonummern notieren
Der Überwachte in seinen vier Wänden
Längst die Grenzen hinter sich ließ.

Julian Schutting

schlaf Katz!

Schlafenszeit. beim Zu-Bett-Gehen paßt er dich ab, am Fußende des Bettes, nämlich unterhalb desselben, um dich in die Zehen zu beißen, oder strebt dir, in muntern Sprüngen, aufs Bett voraus, um dich, sobald du hineingeschlüpft bist, mit ruckender Absprunghaltung zum Mauserlfangspiel zu gewinnen – unter drei Wolldecken die Finger zu rühren, und er fährt schon hin, Ohrbruder der Prinzessin auf der Erbse. die Zehen zu regen, und es reißt ihn herum, daher sogleich in der Höhe der Rippen mit dem Fingernagel das Leintuch zu kratzen, und er wird zum Wettlauf zwischen Igel und Hase, springt, schon im Sprung packt er zu, hin und her, bis er es leid ist, immer nur die Vermummung der Beute zu fassen zu bekommen: da wirft er sich, in Erwartung eines Luftangriffs, auf den Rücken, das Gestrampel eines Zornbinkels der Kampfeinsatz der Hinterbeine. bleibt im Springkampf zu paralysieren dadurch, daß du an weit auseinanderliegenden Orten mit beiden Händen gleichzeitig maustrippelst unter den Decken: horcht dahin und dorthin, festgehalten von der Entscheidung, die es zwischen Maus-Nord und Maus-Süd zu treffen gölte. und bekommt fleischrote Augen, wenn es die Mäuse zu wild treiben, ist bald konfus von der in unerwarteten Regionen sich wiederbelebenden Maus und der Anstrengung, im Ohr und im Kopf zu behalten all die verborgenen Stätten, wo Maus gewesen und wo Maus wieder sein wird. Schwanz dürfte der Feindüberwachung dienen, hat aus allen Himmelsrichtungen Feindmeldungen aufzufangen und mit Zeiger-Ausschlag zu registrieren. genug jetzt, Maus tot, Ratz tot, jetzt heißts: schlaf Katz!

Günter Kunert

Katzensorgen

Komme ich in mein Arbeitszimmer zurück, liegt sie auf meinem Sessel und schläft, aber sie weiß, daß ich da bin und sie mir den Platz weggenommen hat. Ohne die Augen zu öffnen, den grau gestromten, am Kinn weißbehaarten schlangenähnlichen Schädel gegen die Rückenlehne gestützt, gibt sie sehr leise ein paar klägliche Töne von sich, als weine sie aus herzbrechenden Träumen heraus, von denen ich mir keine Vorstellung machen kann und auch sonst niemand.

Vielleicht sollen die Jammerlaute mich bloß abhalten, ihr den Sitz streitig zu machen, und wie immer, falls es eine ist, geht ihre Rechnung auf. Nun stöhnt sie schwach und ausatmend, viel zu dick und müde vom Nichtstun, von der eigenen Last überwältigt und in Schlummer gesunken. Würde ich versuchen, sie hochzunehmen, sie andernorts zu plazieren, sie fauchte mich an wie einen bösartigen Katzenfeind, einen Fremden, den sie nie gesehen hat. Doch nicht das ist der Grund, das hin und wieder seufzende, bepelzte Wesen liegenzulassen, sondern ihres Schlafes komischer Würde halber – auch darin den Menschen nahe, deren Schlafanblick uns erheitert und zugleich eigentümlich berührt, weil er so verletzlich, so leicht zerstörbar ist: Demonstration wehrlosen und wahrhaft blinden Vertrauens. Es zu mißbrauchen, bringen wir nicht über uns. Darum setze ich mich auf meinen Arbeitsstuhl, unbequemer rastend als das kaum hörbar ächzende Geschöpf, dem ich den Vorrang lasse und das – ich könnte es beschwören – durch den nicht gänzlich geschlossenen Lidspalt mich jetzt zufrieden mustert.

René Schickele

Katzen

Sie liegen irgendwo in den gewohnten Ecken
und scheinen zu sinnen.
Die Augen schimmern grün.
Man darf sie necken,
sie lassen sich gewinnen.
Und alsdann
legen sie sich auf den Bauch und runden
den Leib, versuchen mit Schnauze und Pfoten
deine Hände zu greifen,
und ihre Augen glühn,
die grünblaugraugelbroten.
Irgendwann
erheben sie sich und beginnen
eine kleine Vergnügungsreise durchs Haus.
Schließlich sehn sie zu einem offnen Fenster hinaus,
sie strecken
die Schnauze in die Luft und lassen die Augen schweifen,
prüfen: kann diese Witterung
einem Katzentiere munden?
Und schon sind sie mit wahrhaft musikalischem Sprung
in der blauen Luft verschwunden.

Am Abend sind sie plötzlich wieder da.
Man findet sie wie seidige, o so
geschmeidige Damen, die man vor Stunden
glänzend und stark aus der Haustür treten sah,
mit ausgestreckten Beinen
weich zerknittert irgendwo,
wo sie in Erinnerungen versunken scheinen.

Brigitte Kronauer

Tageslauf mit Unterbrechung und Gegner

Früher (gestern noch), wenn die Katze so lange bewegungslos schlafend zwischen den Kissen lag, konnte ich nicht wirklich konzentriert arbeiten in dem kleinen Raum, in dem wir beide dann allein atmeten. Sie rührte sich nicht, lag nur da, schwarz zwischen sechs schwarzen und gemusterten Kissen, in weniger als kissengroßer Ausdehnung, und wenn es wirklich stimmte, daß sie lebendig war und also atmete, atmeten vielleicht ebensogut die Kissen leise vor sich hin, etwas größere Lebewesen, stumm zusammengerollt. Hätte man sie aber aufgeschlitzt mit einer Schere, wären natürlich als Beweis für das Gegenteil Federn hervorgequollen, ebensogut hätte man die stumm in eine Ecke gedrückte Katze aufschlitzen können, und natürlich wäre dann Blut zum Vorschein gekommen, und man würde also in diesem Fall auf richtiges, echtes Leben stoßen. Der Anblick aber war so zweideutig, daß ich immer wieder zu ihr hinsehen mußte, wobei ich sie manchmal auf dem dämmrigen Sofa gar nicht erkannte. Ich wußte oft nicht, ohne mich, um den Effekt auszukosten, absichtlich dumm zu stellen, ob ich nun ein Stück Kissen ansah oder die Katze.

Die Atemlosigkeit regte mich auf, diese täuschende Stille auf dem Sofa. Einer der schwarzen Flecken bestand aus Muskeln, Knochen, Blut, Nerven, aber schien doch nun ganz aus Stoff und Federn zu sein, ohne Empfindung und innen ausgestopft, ein zugenähter Lappen und zu keiner Reaktion fähig und nur benutzbar und sonst ganz ohne Sinn und Wert. Ich wußte, daß es auf dem schattigen Sofa ein Zentrum gab, für das diese Behauptung nicht galt, ich konnte mir vorsprechen, daß dort ein kleiner, lebendiger, schmerzempfindlicher Körper lag, aber ich meinte vielleicht dabei den falschen, es machte vom Kucken her gar keinen Unterschied. Ein eingebildeter Unterschied, den ich mir in meinem Kopf dahersagte, ohne angesichts des steifen Sofas mit seinen Kissen daran zu glauben. Ich traute dem Augenschein, ich verglich die Katze mit den Kissen, ich fragte mich, inwieweit sie tatsächlich nicht aus Stoff, sondern lebendig war, dann, wenn sie ununterscheidbar von ihrer Umgebung schlief. Ich fragte mich, wie groß ihre Bewußtlosigkeit sei, ob sie wenigstens in diesen Momenten für sich selbst nicht vorhanden war, nichts anderes als die mit Federn gefüllten Quadrate um sie her. Eine unangenehme, nämlich zweideutige Gegenwart, etwas Unmoralisches in dieser augenscheinlichen Kissenhaftigkeit eines lebendigen Wesens. Das gleiche Gefühl überkommt mich, wenn ich hinter einer dicken Glasscheibe von oben aus einem Büro oder Eßlokal die Vorübergehenden betrachte, man vergißt – und sagt es sich daher dauernd –, daß es richtige Menschen sind, nicht nur bewegliche Gegenstände, man sagt sich, daß sie verletzlich und persönlich sind, gegen den Augenschein, nicht also nur beliebige, aufrechte, bewegbare Ausstülpungen der Fläche, die man in die Fläche zurückstülpen möchte.

Wenn die Katze wach wurde, schienen aber immer zwei Lebewesen wach und gegenwärtig zu sein, eines sichtbar, eines unsichtbar. Nie sah die Katze dann ruhig vor sich hin. Sie forschte sogleich nach einem Gegner, der sich in jedem Winkel verbarg, sie schaute im Zimmer herum und hatte ihn plötzlich fixiert. Immer, wenn sie ihn brauchte, war der Gegner zur Stelle, in jedem Raum, unter Stühlen und in der Luft, und blitzschnell schlug sie zu, im Sprung das nächste Opfer erkennend und die Wohnung mit Schleichen und Sprüngen füllend, mit diesen sich überstürzenden Läufen, mit flüchtigen, steilen Höhepunkten. Ich erfuhr alles durch den schnellenden Katzenkörper, ich saß faul in meinem Stuhl und sah zu, wie sie an den Wänden entlanghetzte, dic Luft um sie her bevölkert mit Beute, kein Blick ging jemals ins Leere, immer traf er ein Ziel, das den Körper anspornte zur Jagd in derselben Sekunde. Ich begriff, sie erledigte die Aktionen in rasender Schnelligkeit, um eine zusammenhängende Handlung zu Ende führen zu können, da sie so leicht – jeder Blick, jede Verzögerung riß sie in eine sich überschlagende Folge – abgelenkt wurde, daher der kurze Anlauf, das rasche Ermatten, die Reihenfolge war eingehalten, sie konnte die Augen bewegen, den Kopf zur neuen Beute drehen. Nie also kam sie durch das Zimmer, ohne ein Ziel fest im Auge zu haben, alles Nähern war Anschleichen, Ansprung, angesaugt wurde sie, hergerissen von einem Feind, einem Widersacher, nie ruhten Gegenstände gleichmütig um sie herum. Sie befand sich in unentwegter Verfolgung, dies dank ihrer Erfindungskraft, ihr eigenes Werk, sie unterhielt sich, nie in das ungeordnete Nebeneinander der Stücke eines Raumes entlassen, vielmehr von einem Ziel zum andern gezwungen, ein gestrafftes, sortiertes Zimmer also. Oft natürlich ersetze ich ihr dies alles. Sie faßt mich ins Auge, lauert, zum Sprung gekauert, ein Bein angehoben, springt, die anderen drei vom Boden lösend, in die Luft. Dies abwechselnd, eben noch auf Konkretes stürzend, jetzt aber wieder auf Unsichtbares, in ungeminderter Leidenschaft, funkelnd und abwesend, nach innen gerichtet der Blick, vollkommen anwesend, mich ansehend, aber nicht mich: nach innen sehend: etwas, dessen sie bedarf, ansehend. Der Blick: auf den Boden, auf mich, auf den Schwamm, ein konzentrierter, mich flüchtig treffender Blick. Sie macht sich was aus dem geringsten Anhaltspunkt, von mir braucht sie nur die kleinste Bewegung, dieses Tuch interessiert sie, läßt sie kalt, sie schweift ab auf Tauglicheres,

taxiert mich auf meinen Nutzen, sie teilt mich ein und ist nicht abzulenken von meinen Schuhen auf meine Person, treu keinem Ding, nur einer Funktion, der Beute, dem Gegner, dem Höhepunkt, ein kurzer Ansprung, schon läuft sie locker, entspannt, neugierig, beschäftigt, gefordert zum nächsten. Ich bleibe benutzt zurück. Immer diese Zerstreutheit des Blicks, mich fixierend, aber wie blind gegen mich, gefesselt von etwas anderem. Nie meint sie mich. Ich kenne den Blick von Müttern, die Kinder in großen Taschen tragen, sie sitzen im Zimmer und sehen sie an, sie lächeln zerstreut, sofern das Lächeln und Hören nicht jenen verpackten Wesen gilt. Sie nehmen nur Oberflächen wahr, denen sie strahlend entgegenlächeln, abwesend aber, von nichts zu treffen, das einzig Wesentliche in Taschen, auf Decken, in Ställen, konzentriert, mit dem nackten, eisigen Blick, unverhüllt in ihr Lächeln gefaßt, durch nichts mehr zu rühren, wie der einer Möwe, die stehend, hoch in der Luft, aus der wirren Umgebung die Beute geschält hat.
Aber hier, an diesem Punkt, wurde mir heute klar, ja, ich sah ein, daß es eine Parallelität gibt, eine direkte Vergleichbarkeit, die gegenseitige Stillung eines Bedürfnisses, eine exakte Entsprechung, so drückt die eine Erkenntnis die andere ab, zwei Hälften: Ich falte ein Stück Papier dreimal und reiße es nach jedem Falten einmal durch. Die Katze öffnet dreimal die Augen. Ich hole sie aus ihrem stehenden Dasein in ihr gerichtetes, ich hole sie in

mein leeres, widerstandsloses, ungeordnetes Zimmer, mit der schrecklichen Gleichberechtigung aller Dinge, aufgereiht nebeneinander. Ich lehne mich schlaff zurück. Die Katze beginnt im Nu mein Zimmer zu füllen, sie pumpt die Luft voll mit Handlung und Leidenschaft, voll mit Zielen, voll mit Ergebnissen, Anfängen, Schlüssen, eine Ordnung, plötzlich, eine Vergangenheit und Zukunft plötzlich, ein Nacheinander der Vorkommnisse, eine Auswahl unter den Dingen, eine Detaillierung meines Raumes, meiner Person. Ich rühre mich nicht und lasse die Katze sich ducken und strecken. Ich lasse sie alle Handlungen ausführen und zu Ende bringen. Ich mache nicht den Finger krumm, während die Katze sich abmüht für mich, das Schauspiel zustandebringt, eine Aktion von A bis Z jeweils. Ich kann mich ausruhen in dieser Zeit, ganz entspannt sein. Sie tut es für mich. Sie tut es gut. Das ist sonst meine Sache: dies Aufrechterhalten, die Sichtbarmachung von Anfang und Ende, dieses Erfinden einer Bewegung hin auf ein Ziel, die Gleichförmigkeit, die Gleichzeitigkeit zu zerstören durch Vorwärtsleben. Sie leistet es ab, stellvertretend. Sie drückt mich aus. Die Ordnung besteht, denke ich mir, sehe ganz lässig, wie sie den Raum mit Ereignissen vollstopft, wie ich versinke, ja, spiegelbildlich, das ist die Lösung, und jetzt mit Lust, in Apathie, nicht lebend, nur atmend, ununterscheidbar mit meiner Umgebung – ein Gleichgewicht des Benutzens also – vermengt.

Elisabeth Plessen

An eine Katze
oder:
Schwestern im Unglück

Daß sie die Geduld mit mir noch nicht verloren hat. Sie klagt mich an: Verräterin, du kommst, du gehst – und ich? Ihr Blick. So überflüssig die Welt vor der Tür: Bäume, die vor Dreck nicht grün werden, Hungerstreiks, Hausbesetzungen, Kunst ist Tod, die Kopfsteinpflasterer auf dem Platz, auch jeder Lärm der Züge, per Lautsprecher Kommandos, die sie rangieren. Sie sieht mich an, will Ruhe, Ordnung: mich. Ich soll nicht gehen. Kennt meinen Schritt schon auf der Treppe und erwartet mich doch an der Tür. Häufig beschimpft sie mich, wie oft bin ich beschämt. Gleiches mit Gleichem. Das Recht auf Bewegungsfreiheit, ihr genommen, spricht sie mir ab, selbst in der Wohnung. So hängen wir denn aneinander: zärtlich verschlungen verbissen, sie eine Warenhauswaise, siebenundsiebzig nach München verschleppt, dann nach Berlin, Sklavin – wir sind ein altes Paar. Sie mag das Telefon nicht, auch nicht die Schreibmaschine. Papier wirbelt sie in die Luft, ficht mit ihm, aber es fällt und kommt wieder, jeden Tag neu mit der Post, und wieder ist in der Maschine ein neuer Bogen eingespannt. Sie setzt sich drauf. Es hilft nicht. Ich schiebe sie ab. Ich sage ihr, wenn du schon nicht das Täschchen schwenkst, einer von uns muß Geld verdienen. Das versteht sie nicht, sie ist so, ohne jede Bildung, weise. Sie will mich als Sänfte, ihr Reittier, einen Thron – auf nach Ägypten, nach Siam, verschleierten Blicks, fliegend im Liegen. Um diesen Platz kämpft sie jeden Tag und andere an meinem Hals, in meinem Arm, genauso entschieden aber auch für ihre Küchenrechte: Herz, Kekse, frisches Gras und einen Eisschrank, der sich ihr, die immer schon halb drin steht, wenn die Tür sich öffnet, nicht vor der Nase schließt, ohne daß für sie etwas herausgenommen wäre. Sie maunzt, unwirsch, flehend, trotzig, stur, schickt sich ins Los, und wenn Besuche kommen, ist sie eifersüchtig die Hauptperson. Ich sage: Fräulein Geschwitz. Käme ich eines Tags, und sie wäre nicht da, hätte die Wohnung ihre Augen, ihr Geheimnis verloren und ich melancholisch meine stille, schwesterlichste Liebschaft. Ich habe ihr heute gesagt, sie soll ein Gedicht an Neruda schreiben und seinen Hund, den er begraben hat „im Garten neben einer alten verrosteten Maschine“, und wie sie sich freut, diesen Hund im Hundehimmel zu treffen, während sie auf dem Weg zu dem der Katzen ist, ich habe ihr gesagt, sie wird Neruda treffen, da er bloß dieses toten Freundes wegen an einen Hundehimmel glaubt, ich habe ihr gesagt, daß ich sie beneide um diesen Herrn und Hund, gern Gast mit ihnen wäre bei meinem Durchgang in einen Himmel, von dem ich nicht wirklich glaube, daß es ihn gibt. Jetzt sitzt sie auf mir und blinzelt mich an. Ich wette, bei ihrer Ordnungsliebe hat sie sich einen Himmel für uns alle ausgedacht, ägyptische Verhältnisse, was grübelst du, so einfach ist das.

Ernst Jandl

katze am abend

ich vermute du hast
mäuse im kopf
und einen mächtigen nachtschwarzen kater,
katze am abend.

was aber tust du wenn dein
mächtiger nachtschwarzer kater
mäuse vor deinen augen
auffrißt, katze am abend?

Sarah Kirsch

Schweigen

Ich ließ gegen Morgen fast noch schlafend die Katze durchs Fenster. Sonst spricht sie dabei, erzählt ihre besonderen Erlebnisse unter den Falten der Nacht. Daß sie es heute nicht tat, hätte mich alarmieren sollen. Sie trug eine Maus im Maul, deshalb schwieg sie. Ich leide unter der Vorstellung, daß halbtote Mäuse hinter den Büchern verfaulen. Ihre getrockneten Schwänze als Lesezeichen hervorschaun. War aber noch in meinen Träumen gefangen. Bald begann im Dunkeln ein wildes rhythmisches Toben, wahre Freudentänze wurden vollbracht. Luftsprünge, bedrohliches Trappeln, laut wie ein Rudel von Tigern hinter dem Opfer her. Mitunter habe ich eine Maus wieder befreit. Dieser wurde der Schädel geknackt. Als ich aufstand, lag nur ein Stück Leber da und Gekröse. Die Katze streckte sich sehr genüßlich und lag dann platt auf dem roten rumänischen Teppich. Die Reste habe ich eingesammelt, daß der Tonsetzer später barfuß nicht drauftritt in seiner Kurzsichtigkeit und noch verschlafen.

Reiner Kunze

Atelierkatze, halbwild
(ins gästebuch des malers S. auf Sylt)

Einen bogen schlagend
um menschen und nicht bemalte bögen,
lagere sie sich
auf den ausgelegten aquarellen …

Gnade, meister, ihr und uns!

Eine schwester ist sie all derer,
die aufs versöhnende setzen
der kunst

Doris Lessing

Das Geschenk der grauen Katze

In der großen Platane am Ende des Gartens baut jedes Jahr eine Amsel ihr Nest. Jedes Jahr werden die Jungen ausgebrütet und beenden ihren ersten Sturzflug im Maul einer lauernden Katze. Die Mutter oder der Vater, die zur Rettung hinunterfliegen, werden ebenfalls geschnappt.
Das verzweifelte Piepen und Tschilpen eines gefangenen Vogels erregt das ganze Haus. Die graue Katze hat den Vogel hereingebracht, aber nur, um für ihre Geschicklichkeit bewundert zu werden, denn sie spielt mit ihm, quält ihn – und mit welcher Grazie. Die schwarze Katze hockt auf der Treppe und schaut zu. Sie hat noch nie einen Vogel gefangen. Aber drei, vier Stunden später, wenn der von der Grauen gefangene Vogel tot oder fast tot ist, nimmt die Schwarze ihn und schlenkert ihn umher, um das Spiel der Grauen nachzuahmen. Jeden Sommer rette ich Vögel vor der grauen Katze und werfe sie weit weg in die Luft oder in einen anderen Garten, das heißt, wenn sie nicht schlimm verletzt sind und sich wahrscheinlich erholen werden. Dann ist die Graue wütend, legt die Ohren zurück und funkelt mich böse an. Sie versteht nicht, nein, überhaupt nicht. Wenn sie einen Vogel hereinbringt, ist sie stolz. Er ist in Wirklichkeit ein

Geschenk; das begriff ich erst in dem Sommer in Devon. Aber ich schelte sie und nehme ihr die Beute weg. Ich freue mich nicht.

Böse Katze! Tierquälerin! Mörderin! Grausame Katze! Entarteter Nachkömmling ehrlicher Raubkatzen!

Sie versprüht Zorn als Antwort auf meine zornige Stimme und läuft mit dem piepsenden Vogel aus dem Haus. Ich schließe die Hintertür und die Fenster, während die Quälerei weitergeht. Später, wenn alles ruhig ist, kommt die graue Katze zurück. Sie streicht mir nicht um die Beine, begrüßt mich nicht. Sie straft mich mit Verachtung, stolziert hinauf und schläft sich aus. Der Vogel, eher vor Erschöpfung gestorben als durch die Zähne und Krallen der Katzen, liegt tot und steif im Garten.

Als ich den großen Baum auf Verlangen der Nachbarn zurückstutzen ließ – einigen machte er zuviel Schatten, andere ärgerten sich, weil „ständig die Blätter überall rumliegen" –, stand der Mann im Garten und beschwerte sich bitterlich. Nicht über mich, die Kundin, die ihn ja bezahlen würde; sondern über das moderne Leben, das, wie er sagte, baumfeindlich sei.

„Jeden Tag ruft man mich an", sagte er grimmig. „Ich gehe hin. Da steht ein schöner Baum. Hundert Jahre hat er gebraucht, um zu wachsen – was sind wir im Vergleich zu einem Baum? Man sagt zu mir: Fällen Sie ihn, er schadet meinen Rosen! Rosen!

Was sind Rosen im Vergleich zu einem Baum? Da muß ich einen Baum wegen Rosen fällen. Erst gestern mußte ich eine Esche schlagen und den Stamm einen Meter hoch stehenlassen. Um einen Tisch zu machen, sagte sie, einen Tisch, und der Baum braucht hundert Jahre zum Wachsen. Sie wollte an einem Tisch sitzen und Tee trinken und die Rosen anschauen. Keine Bäume mehr heutzutage, die Bäume gehen dahin. Und wenn man gute Arbeit leistet, sind sie nicht zufrieden, o nein, kurz und klein soll alles gehackt werden. Und die Vögel? Wußten Sie, daß da oben ein Nest war?"

„Ich habe Katzen", antwortete ich. „Ich wäre froh, wenn die Vögel woanders nisten würden."

„Ja, ja, das bekomme ich oft zu hören – die Katzen", sagte er. „Alle wollen ihre Bäume gefällt haben, und überall sind Katzen. Was bleibt den Vögeln? Ich sage Ihnen, ich gebe meinen Beruf auf, niemand hat heutzutage noch Verwendung für einen ehrlichen Handwerker. Schauen Sie sich nur diese Katzen an, schauen Sie sie doch an!"

Für den Mann bildeten Bäume und Vögel eine Einheit, eine heilige Einheit, mit mehr Existenzrechten, vermute ich, als Menschen, wenn es nach ihm ginge. Was Katzen anbelangte, so hätte er sie allesamt vernichtet.

Er schnitt den Baum zurück, zerhackte ihn keineswegs, und im folgenden Frühjahr baute eine Amsel dort ihr Nest, und die jungen Vögel flatterten wie gewöhnlich hinunter. Einer flog geradewegs in das rückwärtige Mansardenfenster, ins Gästezimmer. Und hier verbrachte er einen Tag; ganz zutraulich saß er auf einem Stuhl und sah mich aus einem halben Meter Entfernung an, beinahe Aug' in Auge. Er hatte keine Angst vor Menschen – noch nicht. Ich sorgte dafür, daß die Tür geschlossen blieb, während die graue Katze draußen umherschlich. Am späten Sommerabend, als die Vögel schon schwiegen und schliefen, flog der kleine Vogel vom Fenster aus direkt zum Baum zurück, ohne dem Boden zu nahe zu kommen. So kam er vielleicht mit dem Leben davon.

Bettina Galvagni

Das Katzenhaus

Sophie ging nie in dieses Viertel, das man Untere Insel nennt, sie war nur als Kind zweimal dort gewesen, einmal deshalb, weil ein Mädchen aus ihrer Klasse, das dort in der Nähe wohnte, Geburtstag hatte. Das Haus, in dem das Mädchen lebte, war klein und schmal, mit braunen Fensterläden und Türen. Von einigen Zimmern aus konnte man den braunen Fluß sehen; man glaubte, in einen dumpfen, dunklen Spiegel zu schauen, da das Wasser sehr dicht am Haus vorbeifloß und man fast das Gefühl hatte, hineinzufallen, wenn man es aus dieser geringen Entfernung betrachtete. Für Sophie war es ein Ort, der ein Geheimnis besaß, gleich jenen blassen Straßen in den Städten, die erst in der Nacht zum Leben erwachen. Tagsüber waren solche Orte ohne Glanz, wie ein unsichtbarer Stern. „Einmal werde ich mit dem Boot bis nach Rovereto fahren, was meinst du?“ sagte das kleine Mädchen, das hier wohnte und schneeweiß und ebenholzschwarz wie Schneewittchen war.
Sophie versuchte sich den Fluß im Wechsel der Jahreszeiten vorzustellen. Wenn sie hier wohnte, würde sie jeden Tag aus dem Fenster sehen, und immer würde sie daran denken, daß dieses Wasser in den Po mündete und dann das Meer erreichte.

Es würde sich verändern, durch den Regen, das Schneewasser und die Abflüsse, die es aufnahm; es würde in gewisser Weise dasselbe bleiben, und dann würde es in den Po übergehen und zusammen mit ihm seine Substanz bilden, und schließlich würde es sich im Meer auflösen. Wahrscheinlich würde es nicht weit in den Süden gelangen, da das Adriatische Meer ein Binnenmeer war. Es lag eine seltsame Freude in dem Gedanken, daß das klare, glitzernde Wasser, das aus einer kleinen Bergquelle entsprang, die von grünen Blättern umsäumt war, groß und mächtig wurde, indem es sich auflöste; oder darin, daß es nie aufhörte, und daß man es ständig berühren konnte, wie einen kleinen oder großen durchsichtigen Fisch. Auf jeden Fall war es ein Privileg, dachte Sophie, an einem Fluß zu wohnen, an einem Ufer die Nacht zu verbringen und am Morgen die Brücke zu überqueren, die zum anderen Ufer führte. Die Untere Insel lag genau gegenüber dem Haus des kleinen Mädchens, eigentlich war sie eine Straße, die parallel zum westlichen Flußdamm verlief, der beinahe schon nicht mehr zum Dorf gehörte, da es auf dieser Seite nur noch einige Obstmagazine und den Bahnhof gab.

Wenn Sophie mit ihrem Papa als Kind spazierenging, gingen sie immer auf der östlichen Seite des Dammes; sie lag, so kam es einem vor, genau in der Mitte des Tales. Sophie vermied es, nach Westen zu schauen. Sie mochte das angrenzende Dorf im

Westen nicht, während sie immer sehnsüchtig zur kleinen Türmchenvilla auf der Anhöhe im Osten emporblickte, in der es rote Sofas gab, einen Totenkopf und ein „Meer, in dem sich Pflanzen und Bücher vermischten“. Auch alle anderen Leute gingen immer am östlichen Damm spazieren; sie gingen am Schwimmbad vorbei, überquerten dann die Bahnhofstraße vor der Brücke und gelangten zur Figur des heiligen Sebastian, an der sich die Wege schieden. Man konnte auf dem Damm weitergehen, in Richtung Süden, oder einer asphaltierten Straße entlang ins Dorf zurückkehren. Wenn man quer durch die Felder ging, konnte man das Große Loch erreichen, einen kleinen Teich voller Seerosen, in dem einmal eine Familie ertrunken war. Er war mit einem grünen Zaun eingezäunt, in dessen Mitte ein Riß war, durch den man durchkriechen konnte. Sophie saß manchmal allein dort, in der Nähe des Zauns, das Wasser war genauso braun wie das des Flusses: Das Tote Meer, dachte sie dort manchmal, werde ich je vor dem Toten Meer sitzen? Dann wartete sie auf das „Brekkekekex koax koax“ der vielen Frösche und auf das kaum hörbare Sprudeln des Wassers, wenn ein Fisch nach einer Mücke schnappte.

Es war im Winter, an einem frühen Nachmittag, als Sophie ihren Vater bat, mit ihr in die Untere Insel zu gehen. Wenn man auf dem Damm stand, sahen die Häuser der Unteren Insel aus, als seien sie kleine Boote, die in einem seichten Wasser schwimmen. Fischer warfen ihre Angel in den Fluß, man sah die braune Erde des Ufers. Die pastellfarbenen Fassaden der Häuser, dachte Sophie, erinnerten an kleine italienische Städte. Es war auch ein italienisches Viertel. Die Mutter der italienischen Bibliothekarin wohnte hier, wußte sie. „Kennst du jemanden, der hier wohnt?" fragte sie ihren Papa. Aber er kannte niemanden, bis auf einen alten, alleinstehenden Mann, der auf Katzen aufpaßte. Er sagte, daß viele Menschen, die in der Unteren Insel lebten, krank seien, wegen des ungesunden Flusses und wegen der Autobahn, zwischen denen sich die Insel befand. Am südlichen Ende der Unteren Insel, das wußte ihr Papa, gab es zwei braune Pferde. Fast jeder Garten besaß Gartenzwerge, und irgendwo stand ein graublauer Brunnen, aus dessen Fröschen und Delphinen Wasser spritzte. Sophie konnte niemanden sehen. Sie hängte sich an einen Arm ihres Vaters. Sie kamen vor ein Haus, das aussah wie eine verfallende Autowerkstätte mitten in der Wüste. Vor dem Haus versammelten sich fünfzig oder sechzig Katzen. Es war unmöglich, ihren Bewegungen zu folgen, es gab keine Synchronizität. „Hier wohnt der Mann, der auf die Katzen aufpaßt", sagte Sophies Vater, „es ist ein älterer, alleinstehender Mann." So jemand wie der Mann, der Armando hieß und seit vierzig Jahren im Altersheim lebte, dachte Sophie. Sie sah Armando oft im Dorf, vor dem Altersheim, in der Fleimstalerstraße, die hügelig anstieg; dort, wo das alte

Haus stand, in dem früher das Photogeschäft gewesen war, in der Nähe der Villa des alten Barons, der vor langer Zeit gestorben war. Die Villa war rechteckig; ein weißer Palast mit grünen Jalousien und einem riesigen Saal mit einer Stuck-Decke. Sophie hätte diesen Raum immer gern gesehen, aber er war unantastbar und fern, so, als ob er sich nicht hier, sondern an einem anderen Ort befände, in einer großen, modernen Stadt am Meer, in der die alten, von Generation zu Generation vererbten Möbelstücke einen Kontrast zu den roten Leuchtschriften der Strandbars bilden. Von der Villa des Barons bis zum Haus des Photogeschäfts, dessen Nachbarhaus – es handelte sich um eine Häuserzeile – einen winzigen verwunschenen Garten besaß, zog sich im Frühling abends ein Streifen Mandelblütenlicht durch, von dem man nicht wußte, woher er kam.
Dann konnte Sophie manchmal Armandos Stimme hören, die „Buona sera, signorina, come sta?“ rief. Es war eine zitternde, freundliche Stimme, die aufheiternd war wie ein Bündel frischer Narzissen. Armando fuhr fort zu rauchen, und Sophie dachte abwechselnd an die hübschen Namen der Töchter der Tochter des Barons und an Armandos kleines Zimmer, das mit Büchern vollgestopft war. Und jetzt war da, dachte Sophie, genau dieses Licht der Abende des Frühlings, zwischen den Katzen, die stritten, schliefen und sich überschlugen. Die Kälte des Winters sammelte sich im Fluß wie in einem

braunen Fläschchen und entwich in Form eines eisigen Nebels über den Damm in die Insel. „Eine Katze ist Grund genug im Leben", sagt Sophie zu ihrem Vater. Dann ergriff sie seine Hand, so, als solle er die Gewißheit, die sie eben erlangt hatte, beschützen. Zu Hause setzte sie sich in jenes Zimmer, das schwarz, voller Bücher und vom Leben entfernt war. Dort war es, als vollziehe sich in ihrem Körper der Tod jeder einzelnen Katze, die sie gesehen hatte. Sie weinte laut und hoffnungslos.

Als sie einige Jahre später erneut die Insel betrat, erschien diese unverändert. Die Gartenzwerge, der graublaue Brunnen, die aufgehängten Leintücher, das Haus, das Villa Luciana hieß, einige Hunde, alles war da. Aber als sie das Katzenhaus erreichte, schloß sie die Augen, um die Leere nicht sehen zu müssen. Eine einzige dicke Siamkatze, hinter der Terrasse, und das Haus war mittlerweile verfallen wie ein Leprakranker. Sie blieb lange stehen; ihr Blick wollte den Schwanz der Siamkatze fangen. Die Autobahn schrie über die Terrasse, ihre Stimme brannte wie die ihrer Mutter. Sie konnte das Ende der asphaltierten Straße sehen, die in die Felder überging. Ein Weg führte zum Damm.

Der Damm und dieser Weg hatten die Farbe von Stroh; darin unterschieden sie sich von den Feldern. Sie würde irgendwann weitergehen, dachte sie, auf dem Damm sitzen und in das Wasser schauen, das, wie sie inzwischen wußte, nicht in den Po münden wird. Sie vermißte die Katzen, mehr noch, sie vermißte den Mann, der die Katzen verloren hatte. Die Leidenschaft eines Mannes, der Katzen hütete, war inkommensurabel. Sophie hörte die zwei braunen Pferde am südlichen Ende der Insel und ging in Richtung des Dammes. Ich werde den Fluß um etwas bitten, dachte sie.

Es war Mittag, und sie spürte den Geruch des Südens, das unsichtbare Parfüm der Zypressen, das sich mit dem Duft gelber Narzissen vermischte.

Andreas Okopenko

Ich liebe nur noch meinen Siamkater

In der Heide,
wo von September bis Mai
November ist mit Nebel vom Torf,
steht meine Fabrik und macht Isomorph,
dreißig Tonnen im Jahr,
gegen Zahlung in bar.

Ich habe zwei Büros,
das dritte bin ich los,
seit mein Ältester sich verheiratet hat
mit der häßlichsten Schneiderin aus der Stadt
und Bikinis näht,
Marke „Comet".

Ich liebe nur noch meinen Siamkater,
die andre Nächstenliebe ging mir flöten.
Erst neulich sagte mir ein Rechtsberater,
bis vor die Häuser kommen nachts die Kröten.

Beim Haupteingang
werde ich krank
vom Lärm einer kränklichen Bohrmaschine,
die bohrt wie nach einer Silbermine
und bohrt in Wirklichkeit nur durch Blech
und Kabelschutzpech
und heißt Modell Catherine.

Im Palmenhaus
– drei Palmen mit Laus –
empfange ich verrostend die Post,
und der Ingenieur
rennt aufgeregt her,
wenn der Kessel einfriert im Frost.

Ich liebe nur noch meinen Siamkater,
die andre Nächstenliebe ging mir flöten.
Ich hing kurioserweise sehr an meinem Vater,
doch wollt ich ihn für meine Mutter töten.

Brigitte Lohr
fegt mein Kontor
und saugt den Teppich aus im Palmenhaus,
ich packe sie
so ausnahmsweise
schnell überm Knie,
dann schreit sie, aber leise.

Klothilde Linn,
Vertreterin
von General Spares,
hält Liebe zum Kater
für etwas pervers,
doch geht sie mit mir ins Theater.

Ich liebe nur noch meinen Siamkater,
die andre Nächstenliebe ging mir flöten.
Vielleicht benötigt mich mal ein Psychiater.
Ich habe keinen solchen Kauz vonnöten.

Was immer passiert,
ich bleib isoliert
mit verläßlichsten Materialien
von den besten Freunden und schönsten Fraun
in Bulgarien und in Italien,
sogar vom Heidewirt
bin ich isoliert,
mit seinen weißroten Dahlien.

Und sterbe ich heute an einem Abszeß
oder einem Bericht der United Press,
daß jemand in einer nordirischen Stadt
ein Isomorphen erfunden hat,
das besser ist als mein Isomorph,
dann begrabt mich in meinem Dorf im Torf
in einer isolierenden Schicht:
die Würmer des Nachbarn dulde ich nicht
(auch keine einzige Assel);
my home is auch jetzt my castle.
Laßt leben meinen Ingenieur
und alle trauernden Frauen,
doch den Kater werft mir hinterher,
er soll mir hier unten miauen.

Der Heidefriedhofsteinmetz Lämmerbrater
soll mir ein Schild an die Laterne löten:
Er liebte nur noch seinen Siamkater,
die andre Nächstenliebe ging ihm flöten.

Peter A. Krobath

Festtagspäckchen

Daß am 24. Dezember das eine oder andere, und mitunter sogar beides, schiefgeht – nennen wir dieses Übel einfach: das Übeliche. Die diesmalige Variation ist jedoch durchaus erwähnenswert. Ich hatte den Festtag recht unbekümmert auf mich zukommen lassen, und als er dann da war, stand ich unversehens allein in den kalten Lagerräumen der Wohngemeinschaft. Nun ja, zunächst nicht ganz allein. In Ermangelung von Angelika (mit ihrer Freundin auf einer Schihütte), Popp (bei seinen Eltern und Geschwistern in Graz, „familiäre Vernichtungen" nennt er dieses jährliche Treffen) und Kuserutzky (hatte sich wieder einmal in der Psychiatrie einquartiert), nahm ich mir vor, Weihnachten mit der Katze Nora zu feiern, der ich ja auch irgendwie angehöre. Angehörte, muß ich heute wohl sagen. Eine dumme Geschichte.

Eine dumme Geschichte, keine Frage. Sie passierte am frühen Nachmittag des sogenannten Heiligen Abends. Ich wollte mir im Supermarkt mit meinem letzten Geldschein schnell noch etwas Fleisch oder Fisch für den Abend kaufen. Um die Rückkehr aus dem glühbirnenübersäten Einkaufshimmel in die beinahe ausgestorbene Wohnung erträglicher zu machen, stellte ich eine brennende Kerze auf das äußere Brett des Küchenfensters. Schon war Nora zur Stelle. Naturgemäß neugierig. Zu neugierig, muß ich heute wohl sagen. Sie versengte sich ein paar Schnurrbarthaare, miaute kurz und grell, und sprang kurzerpfote in die falsche Richtung. Also in den Tod.

Ich verstehe es noch immer nicht. Wie konnte ausgerechnet der Lebenstrieb, der eine Katze instinktiv dazu bringt, die Flucht zu ergreifen, Nora direkt in den Tod führen? War in ihrem Bewußtsein nur für eine einzige Gefahr Platz? Oder lag das Problem darin, daß die zweite Gefahr normalerweise gar nicht gefährlich hätte sein dürfen? Denn das Erstaunlichste an diesem Unfall ist wohl die Tatsache, daß wir im Erdgeschoß wohnen.

„Das ist, bitte sehr, gar nicht so mysteriös wie du tust. Das Parterre liegt für eine Katze eindeutig zu tief", erklärte mit Kuserutzky später bei meinem Besuch am Neujahrstag. Das ideale Stockwerk für eine Katze sei das siebente. Da habe sie genug Zeit, sich so zu drehen, daß sie auf ihren vier Pfoten landet. Ich fand die Theorie etwas gewagt, vorsichtig gesagt. Kuserutzky murmelte noch eine Weile Zahlen vor sich hin, die mit Gewicht, Stockwerkhöhe und Fallgeschwindigkeit zu tun hatten, kam aber zu keinem mitteilungswerten Ergebnis. Wir tappten bleifüßig (Paul stand unter Medikamenten, und ich laborierte an einer Magenverstimmung) die steilen Wege der Baumgartnerhöhe hinauf. Immer wieder unterbrach Krähengeschrei unsere Ausführungen zum Katzenfall. Es war ein Gespräch bar jeder Emotion, quasi wissenschaftlich, und beinahe hätte ich meinen manisch-depressiven Freund über die richtigen und falschen Fensterhöhen für Menschenselbstmorde befragt, verbiß es mir aber im letzten Moment.

Angelika, die ich schon kurz nach dem Unfall am Mobiltelefon erreichte, meinte übrigens, Nora könnte an einem Herzinfarkt gestorben sein – „alt genug war sie ja, und mitgemacht hat sie auch schon genug“. Mitgemacht habe umgekehrt ich mit Nora auch so einiges, vor allem an jenem Weihnachtstag, obwohl ich anfangs eigentlich nicht wußte, was ich jetzt mit ihr machen sollte. Daß sie tot war, stand recht bald außer Zweifel. Da half weder Streicheln noch Gut-Zureden. „He, Schmusekatze, das waren ja höchstens eineinhalb Meter! Das ist nichts! Na komm schon!“ Sie kam nicht. Zumindest nicht mehr in ihren Körper zurück. Noras Seele, falls dergleichen vorhanden war, muß schon recht locker gesessen haben, wenn sie bereits bei einem so schwachen Aufprall herauspurzelte. Ich wartete auch vergeblich, daß unsere Katze sprichwortgetreu mit einem der sechs übriggebliebenen Leben startete. Nichts rührte sich. Irgendwann kam ich um die Erkenntnis nicht mehr herum, daß ich eine Leiche streichelte. Game over. Ich fluchte laut. Ich wusch mir die Hände. Ich zündete mir eine Zigarette an.

Nora eine Schmusekatze zu nennen wäre übrigens schon zu ihren Lebzeiten eine maßlose Übertreibung gewesen. Sie war alles andere als umgänglich und wurde von Popp mit „Tussi“, von Kuserutzky mit „Unmensch“, von Angelika und mir schlicht mit „Tier“ angesprochen. In besonders freundlichen Stimmungslagen konnte es vorkommen, daß sie jemand „Katze“ nannte. Was ihr naturgemäß völlig egal war. Sie ignorierte uns Mitbewohner, so gut es nur ging. Unser Hab und Gut hingegen unterzog sie einem strengen Begutachtungsverfahren. Per Urin entschied sie, welche Dinge nichts in der Wohnung verloren hatten. Von ihr „verpißt“ wurden unter anderem zwei Polster und zwei Umhängetaschen von Angelika, eine Lederjacke von Popp, Kuserutzkys alter Stofftierlöwe, mein Fauteuil, mein Kelim, meine Bettüberdecke, meine Wanderschuhe, meine Hausschuhe, mein Saunahandtuch, vier meiner Archivmappen (ausgerechnet die vom Bedürfnisanstalten-Projekt) und drei süße Stoffkröten, die ich bei meinem Verkaufs-Job am Weihnachtsmarkt hatte mitgehen lassen, um sie meinen Cousinen zu Weihnachten zu schenken.
Zutraulich wurde Nora nur, wenn sie Hunger hatte. Oder wenn gelegentlich Marihuana-Wolken den Gemeinschaftsraum füllten, wobei unklar war, ob sich die Katze einfach als Passivraucherin dazugesellte, also die Droge ihr ein wenig das Herz für Menschen öffnete, oder ob sie der Umstand anzog,

daß der bekiffte Kuserutzky dazu neigte, ihr das Fell mit einer nahezu erotischen Einfühlsamkeit und Ausdauer zu bearbeiten.
Wenn sich jemand dahingehend äußerte, daß Nora für die Wohngemeinschaft nicht geeignet sei, zu asozial etcetera, ergriff in der Regel Angelika für sie das Wort, das heißt, sie wies auf ihre „schwierige" Vergangenheit hin. Als junge Katze wurde sie Opfer von zwei Kindern, die sie badeten, ihr das Fell stutzten, sie in Puppenkleider zwängten, in einen Puppenkinderwagen geschnallt spazieren führten und dergleichen. Ihr zweites Zuhause hatte sie bei einer psychisch kranken Frau, die sie einmal eine Woche lang – aus Versehen, sagte sie – in einer Bettlade einsperrte, was dann zum Verhungern und Verdursten erstaunlicherweise doch zu kurz war. Danach kam Nora zur Familie von Angelikas Freundin, die sie über die Sommerferien in unserer WG unterbrachte und nach dem dritten Mal einfach nicht mehr zurücknahm.
Sie erwarte ein Baby, sagte Angelikas Freundin, und so wie sich die Katze schon der kleinen Katharina gegenüber verhalten habe, lasse sie das Tier auf keinen Fall mehr in die Wohnung. Was das Tier ihrer Tochter angetan hat? Sie habe nicht nur die Hände und Füße sämtlicher Barbiepuppen an- und abgenagt, so daß die ganze modische Life-Style-Truppe samt Ken und Co. wie eine Lepra-Kolonie aussah, sondern auch Katharina selbst mehrmals in den Fuß gebissen, ja einmal habe sie

dem Mädchen, das damals ungefähr vier Jahre alt war, regelrecht aufgelauert, sei hinter einem Vorhang hervorgesprungen, habe sich an der Strumpfhose festgekrallt und ihre spitzen Zähnchen mehrfach im Kinderbein versenkt. So die Freundin Angelikas. Damals glaubten wir ihr nicht recht. Jedenfalls blieb die Katze in der Wohngemeinschaft.

„Bei allem Verständnis, wenn sie mir noch ein Mal etwas kaputtmacht, dann bringe ich sie zurück zu deiner Freundin, soll die sie meinetwegen in die Tierpsychiatrie bringen oder was auch immer", hatte ich bei der letzten Nora-Krisensitzung (Tagesordnungspunkt „Stoffkröten") gesagt. Aber für eine Retournierung war es nun wohl zu spät, auch wenn sie mir ganz eindeutig das Weihnachtsfest kaputtgemacht hatte. Sie lag reglos auf dem Anzeigenteil der ZEIT. Kein Blut. Keine seltsam verrenkten Gliedmaßen. Nur ihr Blick war gebrochen. Ich hockte rauchend auf der Küchenbank. Vorm Fenster flackerte die Kerze. Der Himmel war bereits dunkel. Was tun? Tierrettung oder Tierkörperverwertung kamen nicht in Frage, zu teuer. Von einem Totenkult innerhalb der Katzenwelt war mir bislang nichts zu Ohren gekommen, trotzdem schien mir das Ablegen in der Mülltonne ein ritueller Fauxpas. Schließlich packte ich das tote Tier samt der ZEIT in ein Zielpunkt-Sackerl und schlich damit in den Hof. Aus der Wohnung der pensionierten Volksschullehrerin drang bereits

Chorgesang. „Ihr Kinderlein kommet“, Noras Begräbnismusik. Lange scharrte ich mit dem weichen Katzenklo-Schäufelchen in der harten Erde des Blumenbeets, nicht ohne ängstliche Seitenblicke zum Fenster der tyrannischen Hausmeisterin. Trotz der Kälte tropfte mir der Schweiß von Nasenspitze und Kinn.

Da Nora alle viere von sich gestreckt hatte und inzwischen steif war wie ein tiefgefrorener Braten, dauerte es eine kleine Ewigkeit, bis die Größe des Grabes einigermaßen paßte. Ehrlich gesagt, auch da mußte ich noch ein wenig nachhelfen. Wenn mich jemand aus dem Haus dabei beobachtet hätte, könnte er oder sie böswilligerweise (der Polizei? der Hausmeisterin?!) sagen: „Er hat das arme Tier kaltherzig mit dem Fuß ins Grab hineingestampft!“ – „Unsinn! Gewiß, ich mußte zuletzt leider den Fuß ein wenig zu Hilfe nehmen, aber ich bin mir sicher, daß Nora, wo immer sie jetzt sein mag, genau weiß, daß das in keiner Hinsicht gegen sie gerichtet war, es war ja nur ein, äh, Drücken, ja, ein bestimmtes, aber irgendwie auch sanftes Drücken“, könnte ich zu meiner Verteidigung sagen, was natürlich auch übertrieben wäre, denn ein bißchen Wut war da schon dabei nach gut einer Stunde körperlicher Trauerarbeit. Ganz verschweigen würde ich natürlich jenes durch das Drücken hervorgerufene Knacksen – ein Geräusch, das mir eine Portion Eiswürfel über den Rücken rieseln ließ.

Nach der Beerdigung blies ich die Kerze auf dem Fensterbrett aus. Bei der Lehrerin kläffte nun eine vielstimmige Horde „Jingle Bells“, live, die Kinder und Kindeskinder waren tatsächlich gekommen. Das war sogar noch in der Wohnung zu hören. Ich legte schnell eine alte Gainsbourg-Scheibe auf. Ich duschte lange. Die Weihnachtsstimmung war endgültig begraben, dessen ungeachtet knurrte mein Magen. Der Kühlschrank war leer, der Zielpunkt längst geschlossen. Da fiel mein Blick auf Noras Weihnachtsgeschenk, ein gold-blaues „Sheba-Festtagspäckchen“. Ich verdrückte ein paar Tränen und studierte die Inhaltsangabe der feinen Futter-Schälchen. Ich erinnerte mich daran, einmal einen Artikel über einen Katzenfutter-Gourmet gelesen zu haben. Naja. Ich nahm das Schälchen mit den Kaninchenstückchen in die Hand. Wäre es nicht höchst unmoralisch, so teures Essen einfach wegzuwerfen? Ich zog den Alu-Deckel auf. Dunkelbraune Happen in gelblicher Sülze. Es sah durchaus appetitlich aus. Es roch wirklich nach Wild. Ein wenig, ich will es nicht verschweigen, stank es auch. Nach Katzenkacke. Was kein Wunder ist. Auch Katzen kacken letztendlich das, was sie essen. „Nur keine Zimperlichkeiten“, sprach ich mir Mut zu. War der Tag nicht ohnedies schon aus den Schienen der Normalität gesprungen? Also überredete ich mich zur umgekehrten Beriechungsweise: Katzenkacke duftet ja auch ein wenig nach Rind, Huhn oder Kaninchen.

Ich goß Öl in die Pfanne und machte mich ans Werk. Die ganze Sache kam mir mit einem Mal ganz selbstverständlich vor. Ich hatte sogar das Gefühl, Nora durch das Verzehren ihres Weihnachtsmenüs in gewisser Weise zu ehren, ihr Respekt zu erweisen. Mit Salz und Pfeffer, einer Zehe Knoblauch und einem Teelöffel Oregano fiel mir das nicht schwer. Im Gegenteil. Es schmeckte vorzüglich. Zum Christtag gab es dann Whiskas-Wok. In der drauffolgenden Nacht mußte ich kotzen, aber ich glaube, das lag eher am maßlosen Grappa-Konsum. Eine leichte Übelkeit verspürte ich auch in den nächsten Tagen. Zum Beispiel stieß es mir recht bitter auf, als Kuserutzky am Ende meines Neujahrbesuchs fragte: „Und was, bitte sehr, wirst du der Hausmeisterin sagen, wenn sie sich im Frühjahr mit ihrer Gartenkralle übers Blumenbeet hermacht?“

E. T. A. Hoffmann

Der wissenschaftliche Heißhunger des Kater Murr

Nichts zog mich in des Meisters Zimmer mehr an als der mit Büchern, Schriften und allerlei seltsamen Instrumenten bepackte Schreibtisch. Ich kann sagen, daß dieser Tisch ein Zauberkreis war, in den ich mich gebannt fühlte, und doch empfand ich eine gewisse heilige Scheu, die mich abhielt, meinem Triebe ganz mich hinzugeben. Endlich eines Tages, als eben der Meister abwesend war, überwand ich meine Furcht und sprang herauf auf den Tisch. Welche Wollust, als ich nun mitten unter den Schriften und Büchern saß und darin wühlte. Nicht Mutwille, nein, nur Begier, wissenschaftlicher Heißhunger war es, daß ich mit den Pfoten ein Manuskript erfaßte und so lange hin und her zauste, bis es in kleine Stücke zerrissen vor mir lag. Der Meister trat hinein, sah, was geschehen, stürzte mit dem kränkenden Ausruf: Bestie, vermaledeite! auf mich los und prügelte mich mit dem Birkenreis so derb ab, daß ich mich winselnd vor Schmerz unter den Ofen verkroch und den ganzen Tag über durch kein freundliches Wort wieder hervorzulocken war. Wen hätte dies Ereignis nicht abgeschreckt auf immer, selbst die Bahn zu verfolgen, die ihm die Natur vorgezeichnet! Aber kaum hatte ich mich ganz erholt von meinen Schmerzen, als ich, meinem unwiderstehlichen Drange folgend, wieder auf den Schreibtisch sprang. Freilich war ein einziger Ruf meines Meisters, ein abgebrochener Satz wie z. B. „Will Er!" – hinlänglich, mich wieder herab zu jagen, so daß es nicht zum Studieren kam; indessen wartete ich ruhig auf einen günstigen Moment, meine Studien anzufangen, und dieser trat denn auch bald ein. Der Meister rüstete sich eines Tages zum Ausgehen, alsbald versteckte ich mich so gut im Zimmer, daß er mich nicht fand, als er, eingedenk des zerrissenen Manuskripts, mich herausjagen wollte. Kaum war der Meister fort, so sprang ich mit einem Satz auf den Schreibtisch und legte mich mitten hinein in die Schriften, welches mir ein unbeschreibliches Wohlgefallen verursachte. Geschickt schlug ich mit der Pfote ein ziemlich dickes Buch auf, welches vor mir lag, und versuchte, ob es mir nicht möglich sein würde, die Schriftzeichen darin zu verstehen. Das gelang mir zwar anfangs ganz und gar nicht, ich ließ aber gar nicht ab, sondern starrte hinein in das Buch, erwartend, daß ein ganz besonderer Geist über mich kommen und mir das Lesen lehren werde. So vertieft überraschte mich der Meister. Mit einem lauten: Seht die verfluchte Bestie, sprang er auf mich zu. Es war zu spät, mich zu retten, ich kniff die Ohren an, ich duckte mich nieder, so gut es gehen wollte, ich fühlte schon die Rute auf meinem Rücken. Aber die Hand schon aufgehoben, hielt der Meister plötzlich inne, schlug eine helle Lache auf und rief: Kater – Kater du liesest? ja das kann, das will ich dir nicht verwehren. Nun sieh – sieh! – was für ein Bildungstrieb dir inwohnt. – Er zog mir das Buch unter den Pfoten weg, schaute hinein, und lachte noch unmäßiger als vorher. Das muß ich sagen, sprach er dann, ich glaube gar, du hast dir eine kleine Handbibliothek angeschafft, denn ich wüßte sonst gar nicht, wie das Buch auf meinen Schreibtisch kommen sollte? – Nun lies nur – studiere fleißig, mein Kater, allenfalls magst du auch die wichtigen Stellen im Buche durch sanfte Einrisse bezeichnen, ich stelle dir das frei! – Damit schob er mir das Buch aufgeschlagen wieder hin. Es war, wie ich später erfuhr, Knigge über den Umgang mit Menschen, und ich habe aus diesem herrlichen Buch viel Lebensweisheit geschöpft. Es ist so recht aus meiner Seele geschrieben und paßt überhaupt für Kater, die in der menschlichen Gesellschaft etwas gelten wollen, ganz ungemein. Diese Tendenz des Buchs ist, so viel ich weiß, bisher übersehen und daher zuweilen das falsche Urteil gefällt worden, daß der Mensch, der sich ganz genau an die im Buch aufgestellten Regeln halten wolle, notwendig überall als ein steifer, herzloser Pedant auftreten müsse.

Seit dieser Zeit litt mich der Meister nicht allein auf dem Schreibtisch, sondern er sah es sogar gern, wenn ich, arbeitete er selbst, heraufsprang und mich vor ihm unter die Schriften hinlagerte.

Meister Abraham hatte die Gewohnheit, oftmals viel hintereinander laut zu lesen. Ich unterließ dann nicht, mich so zu postieren, daß ich ihm ins Buch sehen konnte, welches bei den scharfblickenden Augen, die mir die Natur verliehen, möglich war, ohne ihm beschwerlich zu fallen. Dadurch, daß ich die Schriftzeichen mit den Worten verglich, die er aussprach, lernte ich in kurzer Zeit lesen, und wem dies etwa unglaublich vorkommen möchte, hat keinen Begriff von dem ganz besonderen Ingenium, womit mich die Natur ausgestattet. Genies, die mich verstehen und mich würdigen, werden keinen Zweifel hegen, Rücksichts einer Art Ausbildung, die vielleicht der ihrigen gleich ist. Dabei darf ich auch nicht unterlassen, die merkwürdige Beobachtung mitzuteilen, die ich Rücksichts des vollkommenen Verstehens der menschlichen Sprache gemacht. Ich habe nämlich mit vollem Bewußtsein beobachtet, daß ich gar nicht weiß, wie ich zu diesem Verstehen gekommen bin. Bei den Menschen soll dies auch der Fall sein, das nimmt mich aber gar nicht Wunder, da dies Geschlecht in den Jahren der Kindheit beträchtlich dümmer und unbeholfener ist als wir. Als ein ganz kleines Käterchen ist es mir niemals geschehen, daß ich mir selbst in die Augen gegriffen, ins Feuer oder ins Licht gefaßt, oder Stiefelwichse statt Kirschmus gefressen, wie das wohl bei kleinen Kindern zu geschehen pflegt.

Wie ich nun fertig las und ich mich täglich mehr mit fremden Gedanken vollstopfte, fühlte ich den unwiderstehlichsten Drang, auch meine eignen Gedanken, wie sie der mir inwohnende Genius gebar, der Vergessenheit zu entreißen, und dazu gehörte nun allerdings die freilich sehr schwere Kunst des Schreibens. So aufmerksam ich auch meines Meisters Hand, wenn er schrieb, beobachten mochte, durchaus wollte es mir doch nicht gelingen, ihm die eigentliche Mechanik abzulauren. Ich studierte den alten Hilmar Curas, das einzige Schreibevorschriftsbuch, welches mein Meister besaß, und wäre beinahe auf den Gedanken geraten, daß die rätselhafte Schwierigkeit des Schreibens nur durch die große Manschette gehoben werden könne, welche die darin abgebildete schreibende Hand trägt, und daß es nur besonders erlangte Fertigkeit sei, wenn mein Meister ohne Manschette schriebe, so wie der geübte Seiltänzer zuletzt nicht mehr der Balancierstange bedarf. Ich trachtete begierig nach Manschetten und war im Begriff, die Dormeuse der alten Haushälterin für meine rechte Pfote zuzureißen und zu aptieren, als mir plötzlich in einem Moment der Begeisterung, wie es bei Genies zu geschehen pflegt, der geniale Gedanke einkam, der alles löste. Ich vermutete nämlich, daß die Unmöglichkeit die Feder, den Stift, so zu halten wie mein Meister, wohl an dem verschiedenen Bau unserer Hände liegen könne, und diese Vermutung traf ein. Ich mußte eine andere dem Bau meines rechten Pfötchens angemessene Schreibart erfinden, und erfand sie wirklich, wie

man wohl denken mag. – So entstehen aus der besonderen Organisation des Individuums neue Systeme. –
Eine zweite böse Schwierigkeit fand ich in dem Eintunken der Feder in das Tintenfaß. Nicht glücken wollt' es mir nämlich, bei dem Eintunken das Pfötchen zu schonen, immer kam es mit hinein in die Tinte, und so konnte es nicht fehlen, daß die ersten Schriftzüge, mehr mit der Pfote als mit der Feder gezeichnet, etwas groß und breit gerieten. Unverständige mochten daher meine ersten Manuskripte beinahe nur für mit Tinte beflecktes Papier ansehen. Genies werden den genialen Kater in seinen ersten Werken leicht erraten und über die Tiefe, über die Fülle des Geistes, wie er zuerst aus unversiegbarer Quelle aussprudelte, erstaunen, ja ganz außer sich geraten. Damit die Welt sich dereinst nicht zanke über die Zeitfolge meiner unsterblichen Werke, will ich hier sagen, daß ich zuerst den philosophisch sentimental didaktischen Roman schrieb: „Gedanke und Ahnung oder Kater und Hund". Schon dieses Werk hätte ungeheures Aufsehen machen können. Dann, in allen Sätteln gerecht, schrieb ich ein politisches Werk unter dem Titel: „Über Mausefallen und deren Einfluß auf Gesinnung und Tatkraft der Katzheit", hierauf fühlt' ich mich begeistert zu der Tragödie: „Rattenkönig Kawdallor". Auch diese Tragödie hätte auf allen nur erdenklichen Theatern unzählige mal mit dem lärmendsten Beifall gegeben werden können.

Den Reihen meiner sämtlichen Werke sollen diese Erzeugnisse meines hoch emporstrebenden Geistes eröffnen, über den Anlaß, sie zu schreiben, werde ich mich gehörigen Orts auslassen können.

Joachim Ringelnatz

Vor der Schallplatte eine Katze

Können Töne kratzen?
Können Kratzer tönen?

Frage doch die schönen
Katzen.

Hörtest sonderbares
Kinderweinen in der Nacht.
Hast das Fenster aufgemacht.
Und? – Die Katze war es.

Kann das Ohr sich täuschen
Wie der Blick.
Plötzlich: Aus Geräuschen
Wird Musik.

Welche Laute stören?
Welche siegen unbedingt?

Was wohl Katzen hören,
Wenn Caruso singt?

Über kurz od über lang
Werden sie sich finden,
Künstlerisch verbinden:
Katzmiau und Menschensang.

Anja Meulenbelt

Der Verlagskater

In Amsterdam gibt es eine Menge bekannter Animiermiezen, die in Schaufenstern sitzen, um Kunden anzulocken, aber abgesehen davon kenne ich fast keine Katzen, die arbeiten. Katzen, die sich ihr Futter selbst verdienen. Die Verlagskatze war eine. Im Frauenbuchverlag Sara (benannt nach meiner Saar, mangels anderer Ideen) hatten wir Mäuse, die sich allmählich auch über die dort gelagerten Bücher hermachten. Aus dem Tierheim wurde eine Katze geholt, die der Stellenanforderung entsprach, ein etwas wilder Kater. Seine Arbeitsplatzbeschreibung war einfach: Mäuse fangen.

Manche Katzen können es wirklich, bei anderen ist es eher der Rest eines Instinkts, mit dem sie selbst nicht klarkommen. So hörte ich einmal ein komisches Geräusch aus der Küche, eine Mischung aus Knurren und Schreien, ein Geräusch, das ich noch nie gehört hatte, das aber nach einigen Sekunden des Nachdenkens nur aus der Katze kommen konnte. Ich glaube, es war Miep. Sie war noch klein. Sie saß in der Küche, die Augen vor Panik geweitet, alle Haare gesträubt, mit einer Maus im Maul. Als ich ihr die Maus wegnahm, die zwar blutete, aber noch lebte und sofort das Weite suchte, sah sie mich keineswegs böse an, wie eine richtige

Katze das hätte tun müssen – die hätte mir nicht erlaubt, ihr die Beute wegzunehmen –, sondern eher mit einem Ausdruck, Gott sei Dank, die wären wir los. Worauf sich ihr Fell wieder glättete und sie sich die Pfoten leckte. Ein paar Tage später hörte ich das gleiche Angstgeschrei. Wenn das bloß keine Gewohnheit wird, dachte ich noch, während ich Miep zu Hilfe eilte. Da saß sie – die gleichen Panikaugen, Fell punkig gesträubt – mit einem Mohrenkopf im Maul, den sie in der Konditorschachtel auf der Spüle gefangen hatte.

Ob der Verlagskater die Verlagsmäuse auch fing, weiß ich nicht. Zumindest wurden sie, entsprechend der Arbeitsplatzbeschreibung, verjagt. Das Problem war, daß er seine Aufgaben umfassender verstand und auch eine Mitarbeiterin zu verjagen drohte. Diese, nennen wir sie R., hatte schon vorher verkündet, daß sie Angst vor Katzen habe. Das sagen viele, wird sich schon geben, glaubten wir zunächst im Verlagskollektiv, in dem über alles demokratisch abgestimmt wurde. Die Mehrheit war für eine Katze, also kam eine, während R.s Urlaub. Nun war ihre Phobie, wie ich feststellen mußte, nicht ganz unbegründet, denn immer ging es ihr an den Kragen. Auch meine Katzen, die sonst nie jemandem lästig fielen, hatten es auf sie abgesehen. Ich erinnere mich noch, wie Saar aus dem fünften Stockwerk des Regals genau vor ihrer Nase auf den Tisch sprang, auf das Manuskript, an dem wir gerade arbeiteten. Ich habe noch nie jemanden so weiß werden sehen. Einmal saßen wir, mit demselben Manuskript, glaube ich, in einem Fischrestaurant. Wir hatten beide Forellen bestellt, die, als sie kamen, noch einen Moment warten mußten. Gerade wollte R., ohne richtig hinzuschauen, ihren Teller zu sich heranziehen, als sie neben sich ein Knurren hörte und genau in das drohende Gesicht eines Katers blickte, der sich gerade über ihren Fisch hermachte. Herzstillstand, beinahe jedenfalls. Als ob sie es wüßten.

Die Verlagskatze hatte die Angewohnheit angenommen, sich um die Mittagszeit in der Küche auf die Lauer zu legen. Öffnete R. die Kühlschranktür, um Fleisch und Wurst für ihre Lunchbrote herauszuholen, dann witschte der Kater in den Kühlschrank und machte sich in aller Ruhe über Roastbeef und Frikandeau her. R. konnte dann nur noch um Hilfe kreischen, holt das Vieh raus, denn um nichts in der Welt hätte sie die Hand in den Kühlschrank gesteckt, solange er darin war. Bei keiner anderen Mitarbeiterin des Kollektivs hätte er das getan. Zum Schluß sahen wir R., die auch ihren Schreibtisch schon so postiert hatte, daß sie das Tier im Auge behalten konnte, nur noch bleich und mit dem Rücken zur Wand durchs Haus schleichen, als wäre sie in einem schlechten Spionagefilm gelandet. Viel arbeiten tat sie nicht mehr, und sie weigerte sich auch, im Verlag zu sein, wenn sonst niemand da war. Der Kater wurde entlassen.

Philip J. Davis

Die Cambridge-Katze

Thomas Gray, die Katze des Pembroke College, stammte nicht aus einer langen Ahnenreihe von Cambridge-Katzen wie die von Huxley oder Thomson. Das Licht der Welt erblickte sie (ja, sie – und das ist ein Teil der Geschichte), zusammen mit vier Geschwistern, in dem kleinen Dorf Waterfen St. Willow in den Niederungen von East-Anglia. Die englischen Marschgebiete sind ein flacher, sumpfiger, torfiger Landstrich, kreuz und quer von vielen winzigen Flüssen und Kanälen durchzogen, dünn besiedelt und nicht gerade ein idealer Aufenthalt für Katzen, deren Abneigung gegen Wasser hinlänglich bekannt ist.

Nachdem Thomas Gray entwöhnt war und ein gewisses Maß an Unabhängigkeit gewonnen hatte, suchte sie den örtlichen Berufsberater auf, eine fette, doch ein wenig machiavellistische alte Katze mit Namen Mevrouw. Mevrouw wurde nicht Mevrouw genannt, weil dies das Geräusch war, das sie unverwechselbar von sich gab (was zutraf), sondern weil sie von einer holländischen Katze abstammte, die im siebzehnten Jahrhundert in die Gegend kam, als ihre Besitzer angeheuert wurden, um die Sümpfe trockenzulegen und Kanäle und Schleusen zu bauen. Ausländische Arbeitnehmer, würden wir heute sagen.

Mevrouw erhob sich aus ihrem Daunenbett und nahm eine Reihe von Tests vor mit dem Ziel, herauszufinden, wo Thomas' Stärken und Schwächen im Hinblick auf eine Berufslaufbahn lagen.
„Welches ist die größte Zahl, die du kennst?" fragte Mevrouw Thomas Gray. Nun kannte Thomas Gray die Zahl vier, und sie wußte, daß sie diese Zahl kannte. Schließlich war das die Zahl der Seelen, mit denen sie das Nest geteilt hatte. Das Wort „Seelen" wird hier natürlich metaphorisch gebraucht. (Haben Katzen Seelen? Dies war ein verzwicktes Problem mittelalterlicher Theologie, das noch heute von Zeit zu Zeit auftaucht.) Sie wußte, daß zwei plus zwei vier ergeben, und sie wußte es auf eine unergründliche Weise. Sie wußte ebenfalls, daß diese Tatsachen für ihre Zeitgenossen Binsenwahrheiten waren und sie gut daran täte, sich eine pfiffige Antwort einfallen zu lassen. Also erwiderte sie: „Die größte Zahl, die ich kenne, ist um eins größer als die größte Zahl, die du kennst."
„Eine vorzügliche Antwort, wenngleich ein wenig paradox", gab Mevrouw zurück. Doch im stillen sagte sie etwas ganz anderes: Dieses Kätzchen ist eine schlaue Göre. Ich sollte zusehen, daß ich sie loswerde. Wegen des Friedens und der Ruhe in der Gemeinde natürlich.
Mevrouw begriff auch – nicht durch logische Folgerung, sondern intuitiv –, daß dieser Balg aus den Sümpfen seine Pfoten auf den Begriff der mathematischen Variablen gelegt und seine Krallen

in den spannungsreichen Raum geschlagen hatte, der sich zwischen mathematischer Definition und mathematischer Existenz befindet.
„Damit ist der Intelligenztest abgeschlossen", sagte Mevrouw. „Nun wollen wir zum Persönlichen kommen. Was für Lebensperspektiven hast du?" fragte sie.
Thomas Gray antwortete: „Ich habe nicht die Absicht, das Dorf Waterfen St. Willow oder dessen Bewohner herabzusetzen. Sie sind das Salz der Erde und so weiter, doch ich spüre, daß mein Leben, bliebe ich hier, von Ratten, Aalen, Enten und einer gelegentlichen Möwe bestimmt sein würde; Heirat, natürlich, Kinderkriegen, einmal, zweimal oder dreimal oder viermal.
Um sich ein wenig Abwechslung zu verschaffen, bestünde jederzeit die Möglichkeit, bei einem der komischen Sumpfmenschen eine Beschäftigung als Hausgenosse oder als Gehilfe bei einem ihrer sonderbaren Rituale anzunehmen. In den echten, alten Tagen und in fernen Ländern, zum Beispiel bei den Sabäern, galt es als ein Zeichen, daß ein Geist in den Körper einer Katze gefahren war, wenn dieser starr wurde. Schlug man der Katze dann den Kopf ab, so sprach und prophezeite dieser. Doch heutzutage werden natürlich Köpfe nicht mehr abgetrennt, und Prophezeiungen sind nur dann respektabel, wenn sie in mathematisches Kauderwelsch verpackt sind. Ich habe nichts gegen das dämliche Mäusefangen. Wenn man über eine Fertigkeit ver-

fügt, sagt man, soll man sie nutzen, wenn man sie nicht verlernen will. Was freilich die herkömmlichen Katzenberufe angeht, so glaube ich, ‚für etwas Besseres geboren‘ zu sein. Soweit ich weiß, sagt man das auf holländisch für: *Katzen mit Köpfchen verdienen es, mehr zu verdienen.*“

„Was das holländische Zitat betrifft, bist du falsch unterrichtet“, sagte Mevrouw, „doch das hat nichts zu sagen. Ich denke, du hast eine recht klare Vorstellung von den Möglichkeiten, in Waterfen St. Willow als Katze zu leben.

Ausgehend von deiner Intelligenz und deinen persönlichen Äußerungen, möchte ich vorschlagen, daß du diese Gemeinde Schwanz über Kopf verläßt und nach Cambridge ziehst. Dieser Test offenbarte ein großes Talent für die Mathematik, und in Cambridge wirst du Mathematiker von überragender Gelehrsamkeit antreffen.

Du wirst feststellen, daß in Cambridge manche glauben, der mathematische Schlüssel zum Universum sei gerade gefunden worden oder sei so gut wie gefunden. Du wirst überdies feststellen, daß in Cambridge der Geist Wittgensteins über nahezu allem schwebt. Und sollte, durch einen glücklichen Zufall, dieser Geist von dir Besitz ergreifen, wärest du in der Lage, jede Menge metaphysischer Streitfragen, die ganz klar sind, in den Griff zu bekommen und sie ziemlich kompliziert zu machen.“

Also setzte Mevrouw Thomas Gray auf den nächsten Lastkahn, der die Cam hinauffuhr, und nach zahlreichen leicht zu bewältigenden Umsteigmanövern fand Thomas nach Cambridge, wo sie, königlich wie Cleopatra, in einem Stakkahn anlangte.

Edward Lear

Der Kauz und die Katze

Der Kauz fuhr mit der Katze zur See
in einem moosgrünen Nachen,
mit Honig beladen, mit Pflaumenrouladen
und anderen guten Sachen.
Es brachte der Kauz ein Ständchen dar
der Katze auf seiner Gitarren,
„Ich liebe dich rasend, mit Haut und Haar“,
so hört’ man ihn jaulen und schnarren.
„Und wenn’s dich nicht graut“,
frohlockte er laut,
„denn wirst du heute noch meine Braut!“

Darauf sprach die Katze zum Kauze:
„Dein hochelegantes Gefieder –
entschuldige mich, wenn ich mauze! –
betört mich, wie deine Lieder.
Doch gesetzt, ich werde dein Frauchen,
so ist es ein Fingerring, köstlich und fein,
was wir jetzt unbedingt brauchen.
Durch reinen Zufall weiß ich ein Schwein
auf den Äußern Hebritzen,
das hat einen sitzen,
einen Ring an der Nasenspitzen.“

Sie fragten das Schwein im Hebritzenland
unter allgemeinem Gekicher:
„Ist dein Ring zu haben für milde Gaben?"
Das Ferkel sprach: „Aber sicher!"
Der Truthahn hat die beiden getraut
mit fürchterlichem Geschnatter.
Da schnurrte vor Vergnügen die Braut
und schmuste mit dem Gevatter:
„Küß mich, mein Käuzchen,
küß mich aufs Schnäuzchen,
gleich macht der Herr Pfarrer sein Kreuzchen!"

James Joyce

Die Katze und der Teufel

An Stephen Joyce

10. August 1936, Villers s/Mer

Mein lieber Stevie,

Vor ein paar Tagen habe ich Dir eine Katze voller Leckereien geschickt, aber vielleicht kennst Du ja die Geschichte von der Katze von Beaugency noch gar nicht.
Beaugency ist ein winziges, altes Städtchen am Ufer der Loire, dem längsten Fluß in ganz Frankreich. Es ist auch ein sehr breiter Fluß, wenigstens für Frankreich. Bei Beaugency ist er so breit, daß man mindestens tausend Schritte brauchen würde, um vom einen Ufer zum anderen zu kommen.
Vor langer Zeit mußten die Leute von Beaugency, wenn sie zum andern Ufer wollten, mit einem Schiff fahren, denn es gab keine Brücke. Und selber eine bauen konnten sie auch nicht oder jemanden anderen dafür anstellen und bezahlen. Was sollten sie da nun machen?
Der Teufel, der ja immer die Zeitungen liest, hörte von ihrer Not; und so zog er sich fein an und kam, um dem Bürgermeister von Beaugency, dessen

Name Monsieur Alfred Byrne war, einen Besuch zu machen. Dieser Bürgermeister zog ebenfalls gern schöne Kleider an. Er trug eine scharlachrote Robe und hatte stets eine große goldene Kette um den Hals hängen, sogar, wenn er fest in seinem Bett schlief und die Knie in den Mund steckte.

Der Teufel erzählte nun dem Bürgermeister, was er in der Zeitung gelesen hatte, und sagte, er könnte den Leuten von Beaugency eine Brücke bauen, so daß sie den Fluß überqueren könnten, sooft sie nur wollten. Die Brücke, die er machen würde, wäre eine der allerbesten, versprach er, und er würde sie in einer einzigen Nacht fertigstellen. Der Bürgermeister fragte ihn, wieviel Geld er für eine solche Brücke verlange. Überhaupt kein Geld, meinte der Teufel, ich verlange nur, daß die erste Person, die über die Brücke geht, mir gehört. Abgemacht, sagte der Bürgermeister.

Es wurde Nacht, alle Leute in Beaugency legten sich zu Bett und schliefen. Dann kam der Morgen. Und als sie die Köpfe aus den Fenstern steckten, riefen alle: O Loire, was für eine herrliche Brücke. Denn sie sahen eine herrliche, starke, steinerne Brücke über die Loire geschlagen.

Alle Leute liefen hinunter zum Kopf der Brücke und guckten hinüber. Dort, auf der anderen Seite, stand der Teufel und wartete auf die erste Person, die herüberkommen würde. Aber aus Angst vor dem Teufel getraute sich niemand hinüberzugehen. Da hörte man einen Trompetenstoß – das war das

Zeichen, daß die Leute still sein sollten –, und der Bürgermeister M. Alfred Byrne erschien in seiner scharlachroten Robe und mit der schweren goldenen Kette um den Hals. Er hatte einen Kübel Wasser in der einen Hand, und unter dem Arm – seinem andern Arm –, da trug er eine Katze.
Der Teufel hörte gleich auf zu tanzen, als er ihn auf der anderen Seite der Brücke kommen sah, und setzte sein langes Fernrohr an. Alle Leute flüsterten einander zu, und dic Katze schaute hinauf zum Bürgermeister, denn im Städtchen Beaugency war es wohl erlaubt, daß eine Katze einen Bürgermeister ansieht. Als sie es überdrüssig wurde, den Bürgermeister anzuschauen (denn auch eine Katze bekommt einmal genug davon, einen Bürgermeister anzusehen), begann sie mit der schweren goldenen Kette des Bürgermeisters zu spielen.
Als nun der Bürgermeister bei der Brücke ankam, hielt jeder Mann den Atem an und jede Frau ihren Mund. Der Bürgermeister setzte die Katze auf die Brücke nieder, und ehe sich jemand versah – platsch! –, goß er den ganzen Kübel Wasser über sie aus. Die Katze, die nun zwischen dem Teufel und dem Kübel Wasser war, raffte sich ebenso rasch auf und eilte mit zurückgelegten Ohren über die Brücke und dem Teufel geradenwegs in die Arme.
Der Teufel war so wütend wie der Teufel persönlich.
Messieurs les Balgentiens, schrie er über die Brücke

hinüber, vous n'êtes pas de belles gens du tout! Vous n'êtes que des chats! Und zu der Katze sprach er: Viens ici, mon petit chat! Tu as peur, mon petit chou-chat? Tu as froid, mon pau petit chou-chat? Viens ici, le diable t'emporte! On va se chauffer tous les deux.*

Und weg ging er mit der Katze.

Und seit jener Zeit nennt man die Leute dieses Städtchens „les chats de Beaugency".

Aber die Brücke steht noch immer dort, und die Buben gehen und fahren und spielen auf ihr.

Hoffentlich gefällt dir diese Geschichte.

Nonno

P. S. Der Teufel redet meistens eine ganz eigene Sprache, die Bellsygebabbel heißt und die er selber so zusammenreimt, wie's gerade kommt, doch wenn er sehr zornig ist, kann er ganz schlechtes Französisch sehr gut sprechen, obgleich einige, die ihn gehört haben, sagen, daß er einen sehr starken Dubliner Akzent hat.

* „Bürger von Beaugency", schrie er über die Brücke hinüber, „ihr seid gar keine lieben Leute! Ihr seid nichts als Katzen!" Und zu der Katze sprach er: „Komm her, mein kleines Kätzchen! Hast du Angst, mein kleines Miezekätzchen? Frierst du, mein armes, kleines Miezekätzchen? Komm hierher, der Teufel wird dich mitnehmen! Wir wollen uns wärmen gehen, wir zwei!"

T. S. Eliot

Jellicle-Lied

Jellicle-Katzen, kommt her heut nacht,
Jellicle-Katzen, kommt allzumal,
Jellicle-Katzen, der Vollmond lacht,
Jellicles kommen zum Jellicle-Ball.

Jellicle-Katzen sind schwarz und weiß,
Jellicle-Katzen sind ziemlich klein,
Jellicle-Katzen sind listig und leis,
Mienzen die süßesten Maunzmelodein.
Jellicle-Katzen mit zierem Gesicht,
Jellicle-Katzen mit Augen wie Jett,
Schwänzeln, scharwenzeln und dulden sich nicht,
Bis endlich der Jellicle-Mond aufgeht.

Jellicle-Katzen wachsen nicht flink,
Jellicle-Katzen sind niemals fett,
Jellicle-Katzen sind rank und ring,
Tanzen Gavott' oder Menuett.
Steht noch der Jellicle-Mond nicht im Tor,
Kannst sie sich schniegeln und strählen sehn;
Jellicles waschen sich hinter dem Ohr,
Jellicles trocknen sich zwischen den Zehn.

Jellicle-Katzen sind schwarz und weiß,
Jellicle-Katzen sind klein und fein,

Jellicles schießen wie Kreisel im Kreis,
Jellicles zwinkern im Mondenschein.
Morgens vor Tisch wird nur wenig geschafft,
Wenig, solange der Nachmittag sonnt,
All ihre terpsichoreische Kraft
Sparen sie auf für den Jellicle-Mond.

Jellicle-Katzen sind schwarz gescheckt,
Jellicle-Katzen – so sagt' ich – sind klein:
Wenn Sturm und Gewitter den Nachthimmel deckt,
Bleibt's bei nem Hopser oder bei zwein.
Prangt mittags die Sonne im vollen Ornat,
So dächtest du, Faulheit ist immer ihr Fall,
Das räkelt und reckt sich: dann sind sie parat
Für den Jellicle-Mond und den Jellicle-Ball.

John Saxby

Aristo-Cats

Es ist schlimm genug, mit einer Katze zu leben, die etwas von einem Aristokraten an sich hat. Anstrengender ist nur noch, mit zwei Katzen zu leben, die einen Hang zum Aristokratischen haben. Etwa so anstrengend, wie mit einem neureichen Emporkömmling auskommen zu müssen. Susan (Susan ist meine Frau) – Susan und ich, wir kennen uns da aus. Wir erleben das tagtäglich.

Damit wir uns richtig verstehen: Reich zu sein, das ist ein Zustand, der mir immer erstrebenswert schien. Meinetwegen auch „neureich" – gar nichts dagegen einzuwenden. Daß es mitunter mühsam sein kann, mit jemandem dieser Sorte leben zu müssen, das ist eine andere Sache.

Wir – und mit „wir" meine ich Susan, George, Charlotte (oder „Charlie" – ihre Freunde nennen sie „Charlie") und ich –, wir wohnen in einer relativ geräumigen Wohnung im sechsten Stock. Nicht sehr weit vom Hyde Park entfernt. Eine Wohngegend, die für George und Charlie einiges zu bieten hat. Und solange meine Frau und ich uns einigermaßen anständig benehmen – für Futter sorgen; für das *richtige* Futter sorgen; für das richtige Futter sorgen, wann immer es gewünscht wird –, solange wir uns also einigermaßen manier-

lich benehmen, kommen wir ganz gut miteinander aus.
George ist mittlerweile ein älterer Herr, etwa vierzehn Jahre alt und, abgesehen von einer winzigen Andeutung von Weiß auf der Brust, schwarz von der Schnauze bis zur Schwanzspitze. Eine würdevolle Erscheinung und üblicherweise alles andere als kapriziös. Charlie dagegen ... Obwohl auch sie, wenn ich das richtig sehe, kurz vor der Lebensmitte steht, übt sie sich immer noch in jugendlicher Arroganz und sieht auf jeden von uns mit einer Art distanzierten Belustigung herab. Auch sie ist schwarz. Nur ihre Pfoten sind weiß.
Sie hat die entzückendsten weißen Pfoten, die man sich vorstellen kann. Und ist sich, wie ich meine, ihrer attraktiven Erscheinung mehr als bewußt.
George stammt aus einem Tierasyl. Fünf Pfund habe ich für ihn bezahlt. Selbstverständlich werde ich das ihm gegenüber nicht erwähnen. Er war damals noch ein Kätzchen. Meine Frau vertritt die Theorie, daß er zu früh von seiner Mutter getrennt wurde, noch vor der Zeit, die sie gebraucht hätte, um ihn in den Künsten der Körper- und Toilettenpflege zu unterweisen – Tätigkeiten, von denen man üblicherweise annimmt, Katzen würden sie instinktiv verrichten. George fehlt jeder derartige Instinkt. Aber weil er, wie gesagt, etwas von einem Aristokraten hat, erwartet er sowieso, daß die diesbezüglichen Verrichtungen für ihn erledigt werden. Charlie bewertet das als den Gipfel der Dekadenz

und zelebriert deshalb die Angelegenheiten der Hygiene mit demonstrativem Aufwand. Immer dann, wenn ihr jemand dabei zusieht. Und ganz besonders, wenn dieser Jemand George heißt.

Die Tatsache, daß wir im sechsten Stock wohnen, habe ich deswegen erwähnt, weil damit ein bestimmter Vorfall verbunden ist. Die Nachbarschaft spricht noch heute davon, wie George damals von der Balkonbrüstung fiel – eine Geschichte, die sich zutrug, bevor Charlie in unser Leben trat.

George war damals noch ein winziges Kätzchen. Er hatte es sich zur Gewohnheit gemacht, auf der Balkonbrüstung zu liegen, Sonne zu tanken und Siesta zu halten. Was mir nicht klar war: Er lag dort auch in kühlen Sommernächten. Um sich zu erfrischen. Aber auch, wenn ich es gewußt hätte – Katzen gelten im allgemeinen als geradezu phänomenale Balancierkünstler.

Eines Morgens war George verschwunden. War in der ganzen Wohnung nicht auffindbar. Irgend etwas mußte schiefgegangen sein: Er war nicht wie sonst üblich aufgetaucht, um sein Frühstück einzufordern. Nachdem wir etwa sechsmal jeden Winkel der Wohnung abgesucht hatten, zog ich einen alten Mantel über den Schlafanzug, marschierte in den Garten hinunter und suchte dort nach ihm. Unter einem Busch fand ich ihn dann schließlich. Zu meiner Überraschung war er ganz munter. Ein wenig benommen zwar, aber lebendig und offensichtlich nicht ernstlich verletzt. Ich zog mich schleunigst um und brachte ihn zum nächstbesten Tierarzt. Befund: keine Knochenbrüche.

In der Folgezeit, etwa ein, zwei Wochen lang, hielt George sich tatsächlich zurück. Nichts passierte. Nichts. Auch auf seinem Katzenklosett, draußen auf dem Balkon, schien nicht allzuviel voranzugehen ... Ich wurde nervös ... Ab zum Tierarzt. Der Tierarzt untersuchte ihn erneut von vorn bis hinten, von oben bis unten und gab ihm eine Spritze.

„Die müßte eigentlich wirken“, sagte er.

„Wieviel Zeit bleibt uns?“ fragte ich.

„So ungefähr zehn Minuten“, sagte er.

Wir schafften es in etwa neun Minuten nach Hause. Damit blieben uns also noch ungefähr dreißig Sekunden ... Es waren schreckliche dreißig Sekunden.

Wirklich leid tat mir der Mieter, der im dritten Stock unter uns wohnt. Bis zu jenem Tag hatte er sich gelegentlich ganz gern einen Schlummertrunk genehmigt. Manchmal auch zwei. Oder drei. Jeder wußte von seiner kleinen Schwäche. Aber nach jenem Tag scheint er diese Gewohnheit aufgegeben zu haben. Ich habe das immer darauf zurückgeführt, daß er gesehen hat, wie eine Katze an seinem Fenster vorbeiflog.

Aus diesem Grund (und weil ich feststellen mußte, daß George nichts dazugelernt hatte und schon wieder den Balkon auf und ab spazierte), konstruierte ich eine äußerst pfiffige Vorrichtung: eine Art „Katzensicherung“ aus Maschendraht, um ihn

daran zu hindern, auf die Balkonbrüstung zu springen. Bestimmt eine sehr sinnvolle Vorsichtsmaßnahme. Nur ... Ich werde mich nicht nur damit abfinden müssen, daß George kein Balancierkünstler ist. Er ist in jeder Hinsicht ausnehmend ungeschickt: Außer ihm ist mir keine Katze bekannt, die es fertigbringt, beim Gang über den Wohnzimmerboden auf die Schnauze zu fallen, weil sie über ihre eigenen Pfoten gestolpert ist.
Charlie dagegen ist geschickt und umsichtig. Bevor sie zu uns kam (zur großen Empörung von George; etwa vier Jahre, nachdem er sich eingelebt hatte), hatte sie sich auf einen Baum ganz in unserer Nähe zurückgezogen gehabt. Nach drei Tagen hat man sie dann von dort heruntergeholt. Sie war noch nicht lange bei uns, und schon hatte sie George darüber aufgeklärt, daß er im Irrtum war, wenn er meinte, daß ihm bestimmte Vorrechte zustünden: das Recht auf den bequemsten Stuhl etwa. Oder das Recht auf den besten Platz vor dem Kamin ... Mittlerweile aber haben die beiden einen Kompromiß erarbeitet, mit dem sie ganz gut leben können. Anlaß zu Unstimmigkeiten gibt es eigentlich nur mit Susan und mir. Nur unseretwegen kommt es immer einmal wieder zu Situationen, mit denen sie nicht einverstanden sein können.
Da wäre einmal die Sache mit dem Urlaub. Doch, doch – sie wissen es durchaus zu schätzen, wenn unser liebenswürdiger Hausverwalter sich um sie kümmert. Sie können nur einfach nicht einsehen,

warum wir überhaupt weggehen. Ich gebe ja zu, daß wir unsere Abwesenheit auf ein unabdingbares Mindestmaß reduzieren. Aber selbst lächerliche vier oder fünf Tage kommen uns teuer zu stehen. Wir zahlen dafür mit der demonstrativ demütigen Bekundung tiefster Zerknirschung. Wir zahlen dafür mit Garnelen (eine Kost, die ansonsten nur außerordentlichen Gelegenheiten vorbehalten ist), Garnelen pfundweise, zu jeder Tages- und Nachtzeit. Und wir zahlen dafür mit unablässiger, liebevoller Zuwendung. Die wir natürlich in angemessen dezenter Weise zu äußern haben – plumpe Vertraulichkeit ist nicht erwünscht.

Als zweites gilt es, ihren Stolz und ihre Selbstachtung nicht zu verletzen. Vor nicht allzu langer Zeit habe ich mich zum Beispiel einmal sehr über George geärgert: Bei seinem Versuch, über einen ansonsten vollkommen abgeräumten Tisch zu klettern, hat er dreimal hintereinander die Lampe umgeworfen – ein und dieselbe Lampe. Er nimmt es nicht sonderlich krumm, wenn man ihm ein paar hinter die Löffel gibt. Oder einen Pantoffel nach ihm wirft. Es macht ihm nicht allzuviel aus. Dergleichen nimmt er hin, wie man eben in Adelskreisen einen gelegentlich auch etwas derben Scherz hinzunehmen bereit ist. Ich allerdings war zu weit gegangen. Ich hatte die Frechheit besessen, ihm erst die Meinung zu sagen und ihn dann auch noch des Zimmers zu verweisen. Ich hätte auf Susan hören sollen. Ich habe es nicht getan.

Nach zehn Minuten konnte ich es nicht mehr länger aushalten: Ich ging hinaus, um mich zu entschuldigen. Es half nichts. George saß da draußen und starrte auf die Wohnungstür. Als wir ins Bett gingen, saß er immer noch dort. Er ließ es zwar zu, daß Susan ihm das Abendessen servierte, aber es sollte über eine Woche vergehen, bevor er von mir wieder Notiz nahm. Dem Himmel sei Dank: Mittlerweile verkehren wir wieder miteinander. Aber ich habe meine Lektion gelernt. Er empfängt mich jetzt wieder an der Tür, wenn ich nach Hause komme. Ob ich aber daraus schließen darf, daß wirklich alles wieder bereinigt ist ...?

Es bleibt nicht mehr viel, worauf ich Sie sonst noch hinweisen könnte. Sollten Sie sich irgendwann einmal eine Hauskatze zulegen, dann werden Sie feststellen, daß dieses Tier dem Menschen mit einer Art wohlwollender Nachsicht begegnet. Ich weiß von jemandem, dessen Katze das Kunststück fertigbringt, ihn in den Himmel zu heben und zugleich auf ihn herabzusehen – voll aufrechter Sympathie.

Saki

Tobermory

Es war der kühle, regenverwaschene Nachmittag eines der letzten Augusttage – in jener nichtssagenden Jahreszeit also, in der die Rebhühner sich noch in Sicherheit oder in den Kühlhäusern befinden und es nichts zu jagen gibt. Ohne Ausnahme hatten sich die Gäste von Lady Blemleys Hausparty um den Tisch versammelt. Trotz der Öde der Jahreszeit und der Alltäglichkeit dieses Ereignisses deutete nichts auf jene schwelende Unruhe hin, die gleichbedeutend ist mit der Furcht vor einem Klavierkonzert oder einer beherrschten Sehnsucht nach einer Partie Bridge. Die unverhüllte, durch nichts verborgene Aufmerksamkeit der Anwesenden konzentrierte sich vielmehr auf die anspruchslose, unscheinbare Persönlichkeit des Mr. Cornelius Appin. Von allen Gästen Lady Blemleys war er der einzige, der in keinem festumrissenen Ruf stand. Irgend jemand hatte einmal erwähnt, daß Appin „klug" sei, und so schickte man ihm eine Einladung in der unausgesprochenen Erwartung – zumindest von seiten der Gastgeberin –, daß er wenigstens einen Teil seiner Klugheit zu der allgemeinen Unterhaltung beisteuern würde. Bisher hatte Lady Blemley jedoch nicht feststellen können, in welcher Richtung sich seine Klugheit –

wenn überhaupt – bewegte. Weder war er witzig, noch spielte er auffallend gut Krocket; weder verfügte er über hypnotische Fähigkeiten, noch hatte er jemals eine Amateuraufführung inszeniert. Auch sein Äußeres deutete nicht auf einen jener Männer hin, denen die Frauen ein erhebliches Maß an mangelndem Geist nachsehen. Er war zu einem bloßen „Mr. Appin" hinabgesunken, und „Cornelius" schien nichts als eine durchsichtige Täuschung zu sein, die man bei seiner Taufe begangen hatte.

Jetzt aber behauptete er plötzlich, der Welt eine Entdeckung geschenkt zu haben, neben der die Erfindung des Schießpulvers, der Druckerpresse oder der Dampfmaschine belanglose Lappalien seien. Die Wissenschaft habe zwar im Verlauf der letzten Jahrzehnte atemberaubende Fortschritte auf allen Gebieten gemacht – seine Entdeckung schien jedoch eher auf dem Gebiet der Wunder als auf dem der Wissenschaft zu liegen.

„Und wir sollen Ihnen also glauben", sagte Sir Wilfrid gerade, „daß Sie eine Möglichkeit gefunden haben, den Tieren die Kunst der menschlichen Sprache beizubringen und daß sich der liebe, alte Tobermory als Ihr erster erfolgreicher Schüler entpuppt hat?"

„Während der letzten siebzehn Jahre habe ich an diesem Problem gearbeitet", sagte Mr. Appin. „Aber erst während der letzten acht oder neun Monate bin ich mit den Andeutungen eines Erfolges belohnt worden. Bis dahin hatte ich natürlich schon mit Tausenden von Tieren experimentiert –

zuletzt jedoch ausschließlich mit Katzen, diesen wundervollen Geschöpfen, die sich in phantastischer Weise unserer Zivilisation angepaßt haben, ohne dabei ihren hochentwickelten Raubtierinstinkt aufzugeben. Hin und wieder stößt man bei Katzen auf einen überragenden Intellekt – genauso wie bei der Masse der menschlichen Geschöpfe; und als ich vor einer Woche die Bekanntschaft Tobermorys machte, merkte ich sofort, daß ich einer ‚Über-Katze' von ungewöhnlicher Intelligenz gegenüberstand. Bei meinen letzten Versuchen war ich dem Erfolg ein großes Stück nähergekommen; bei Tobermory – wie Sie ihn nennen – habe ich jedoch mein Ziel erreicht."
Mr. Appin beschloß seine bemerkenswerten Ausführungen in dem spürbaren Bemühen, seinen Triumph nicht laut werden zu lassen. Keiner der Anwesenden murmelte „Unsinn", obgleich Clovis' Lippen ein zweisilbiges Wort formten, das diesem nagenden Unglauben vermutlich entsprach.
„Damit wollen Sie also sagen, daß Tobermory jetzt in der Lage ist, zu sprechen und einfache Sätze aus einsilbigen Wörtern zu verstehen?" meinte Miss Resker nach einer kurzen Stille.
„Meine liebe Miss Resker", erwiderte der Wundermann geduldig, „in der von Ihnen erwähnten Form unterrichtet man kleine Kinder, Wilde und geistig zurückgebliebene Erwachsene. Wenn man jedoch erst einmal das Problem gelöst hat, bei einem Tier mit sehr hochentwickelter Intelligenz den Anfang

zu finden, braucht man diese ermüdende Methode nicht mehr. Tobermory ist in der Lage, unsere Sprache völlig korrekt zu sprechen."

In diesem Augenblick sagte Clovis deutlich vernehmbar: „Wahnsinn!" Sir Wilfrid war zwar höflicher, jedoch nicht weniger skeptisch.

„Vielleicht ist es am besten, wir lassen Tobermory hereinholen und bilden uns dann selbst ein Urteil?" schlug Lady Blemley vor.

Sir Wilfrid begab sich auf die Suche nach dem Tier, und die übrigen lehnten sich bequem und in der anspruchslosen Erwartung zurück, Zeugen eines mehr oder weniger geschickten Bauchrednertricks zu werden.

Nur Sekunden später stand Sir Wilfrid wieder in der Tür: Trotz der Bräune war sein Gesicht blaß, und in den Augen spiegelte sich seine Aufregung wider. „Bei Gott – es ist wahr!"

Seine Erschütterung war echt, und seine Zuhörer waren auf einmal hellwach und blickten ihn gespannt an.

Sir Wilfrid ließ sich in einen Sessel fallen. Das Erlebnis hatte ihm fast den Atem verschlagen. „Er war im Rauchzimmer und schlief. Ich rief ihm zu, er solle zum Tee kommen. Wie üblich blinzelte er mich an, und ich sagte: ‚Los, Toby – wir haben keine Lust zu warten!' Und bei Gott – mit einer entsetzlich natürlichen Stimme erwiderte er daraufhin, daß er käme, wenn es ihm paßte! Mich hat es fast umgeworfen!"

Appin hatte vor völlig ungläubigen Zuhörern gepredigt; Sir Wilfrids Feststellung überzeugte jedoch sofort. Ein Durcheinander verwirrter, aufgeregter Stimmen erhob sich, in dem der Wissenschaftler schweigend in seinem Sessel saß und die ersten Früchte seiner erstaunlichen Entdeckung genoß.

Dann betrat Tobermory den Raum: auf seinen Samtpfoten schritt er mit betonter Gleichgültigkeit zu der Gruppe, die um den Teetisch saß.

Alle Anwesenden waren plötzlich verlegen und befangen; niemand wagte es, eine Hauskatze anzusprechen, deren geistige Fähigkeiten denen der Anwesenden ebenbürtig waren.

„Möchtest du etwas Milch haben?“ fragte Lady Blemley schließlich mit ziemlich aufgeregter Stimme.

„Meinetwegen“, lautete die Antwort, die in einem völlig gleichgültigen Ton gesprochen wurde. Ein Schauer unterdrückter Aufregung überlief die Zuhörer, und Lady Blemley goß die Milch mit bebender Hand in die kleine Schüssel. Aber das war verständlich.

„Ich glaube, ich habe etwas danebengegossen“, sagte sie entschuldigend.

„Schließlich gehört der Teppich nicht mir“, erwiderte Tobermory nur.

Wieder senkte sich ein Schweigen über die Anwesenden. Schließlich fragte Miss Resker mit ihrem hochmütigsten Gesicht, ob die menschliche Sprache schwer zu erlernen sei. Tobermory sah sie einen Augenblick aufmerksam an und senkte dann vorwurfsvoll den Blick: damit zeigte er deutlich, daß er nicht geneigt war, auf derartig einfältige Fragen einzugehen.

„Was hältst du von der menschlichen Intelligenz?" fragte Mavis Pellington schüchtern.

„Wessen Intelligenz meinen Sie im besonderen?" fragte Tobermory kühl.

„Zum Beispiel – zum Beispiel meine", sagte Mavis und lachte dabei verlegen.

„Damit bringen Sie mich in eine peinliche Situation", sagte Tobermory, dessen Ton und Benehmen jedoch keinerlei Peinlichkeit verrieten. „Als Ihr Name im Zusammenhang mit den Einladungen zu dieser Party genannt wurde, erhob Sir Wilfrid Einspruch, weil Sie die dümmste Frau seines ganzen Bekanntenkreises seien und weil zwischen Gastfreundschaft und der Wohltätigkeit für geistig Minderbemittelte ein erheblicher Unterschied bestehe. Lady Blemley erwiderte darauf, daß Ihr mangelnder Verstand doch gerade der Grund zu der Einladung sei, da Sie – Lady Blemleys Ansicht nach – der einzige in Frage kommende Mensch wären, der ihren alten Wagen kaufen würde. Sie kennen den Wagen doch, nicht wahr? Man nennt ihn hier den ‚Neid des Sisyphos', weil er jede Steigung sehr flott nimmt, wenn man ihn schiebt."

Lady Blemleys Protest wäre erheblich wirkungsvoller gewesen, wenn sie nicht am gleichen Morgen – ganz nebenbei – zu Mavis gesagt hätte, daß der fragliche Wagen genau das Richtige für sie sei, da sie schließlich in dem hügeligen Gebiet von Devonshire wohne.

Um von diesem Thema abzulenken, stürzte Major Barfield sich in das Gespräch.

„Was ist eigentlich mit der gefleckten Stallkatze, mit der du dich dauernd herumtreibst? Antwort!"

Jeder der Anwesenden merkte im gleichen Augenblick, daß diese Frage ein großer Fehler war.

„Normalerweise redet man vor anderen nicht über derartige Dinge", erwiderte Tobermory kalt. „Nach allem, was Sie sich seit Ihrer Ankunft in diesem Hause geleistet haben, würde es Ihnen aller Wahrscheinlichkeit nach auch nicht passen, wenn ich die Unterhaltung auf Ihre eigenen Affären brächte."

Die Unruhe, die diese Worte auslösten, beschränkte sich nicht nur auf den Major.

„Könntest du vielleicht in der Küche nachfragen, ob dein Essen schon fertig ist?" schlug Lady Blemley sofort vor und versuchte damit die Tatsache zu übersehen, daß es bis zu Tobermorys Abendbrot mindestens noch zwei Stunden dauern würde.

„Nein, danke", sagte Tobermory, „das hat noch Zeit. Ich möchte nicht an einer Magenverstimmung sterben."

„Du weißt doch, daß Katzen neun Leben haben", meinte Sir Wilfrid nachdrücklich.

„Möglich ist es", erwiderte Tobermory. „Aber sie haben nur eine Leber."
„Adelaide!" warf Mrs. Cornett ein, „willst du diese Katze etwa noch dazu ermuntern, draußen mit dem Personal über uns zu lästern?"
Das Entsetzen hatte inzwischen alle Anwesenden ergriffen. Vor den meisten Schlafzimmerfenstern lief nämlich eine schmale, mit Ornamenten verzierte Balustrade entlang, und man erinnerte sich auf einmal, daß sie zu jeder Zeit Tobermorys Lieblingsaufenthalt war, von dem aus er die Tauben beobachtete – und der Himmel allein wußte, wen noch! Mrs. Cornett, die einen erheblichen Teil ihrer Zeit vor dem Toilettenspiegel verbrachte und der man ein nomadenhaftes, wenn auch pünktliches Wesen nachsagte, machte einen genauso unruhigen Eindruck wie der Major. Sollte Tobermory in seiner offenen Art sich einiger Dinge erinnern, würde die Wirkung mehr als nur verwirrend sein. Miss Scrawen, die ausgesprochen sinnliche Gedichte verfaßte und ein makelloses Leben führte, zeigte nur Entsetzen; wenn man in persönlichen Dingen systematisch und tugendsam vorgeht, hat man nicht unbedingt das Verlangen, daß alle Welt es erfährt. Bertie van Than, der schon mit siebzehn Jahren so verdorben war, daß er bereits vor einiger Zeit den Wunsch, noch schlimmer zu werden, fallengelassen hatte, verfärbte sich und wurde kalkweiß; immerhin beging er nicht den Fehler, den Raum überstürzt zu verlassen – wie Odo Fins-

berry, ein junger Mann, der Theologie studierte und den der Gedanke, in die Skandale anderer Menschen eingeweiht zu werden, völlig verwirrte. Clovis besaß die Geistesgegenwart, äußerlich völlig unbeteiligt zu wirken. Er überschlug in Gedanken, wie lange es dauern würde, sich irgendwoher eine Kiste mit besonders zarten Mäusen schicken zu lassen – als eine Art Schweigegeld.

Selbst in dieser heiklen Situation konnte Agnes Resker es nicht ertragen, längere Zeit im Hintergrund stehen zu müssen.

„Warum bin ich nur hierhergekommen?“ rief sie dramatisch aus.

Tobermory ergriff sofort die Gelegenheit.

„Nach allem, was Sie gestern Mrs. Cornett gegenüber während des Krocketspiels äußerten, sind Sie wegen des ausgezeichneten Essens gekommen. Von den Blemleys sagten Sie, sie seien die langweiligsten Menschen, die Sie kennten; dann meinten Sie jedoch, daß die Blemleys immerhin so klug gewesen seien, sich einen ausgezeichneten Koch zu halten – sonst wäre es Ihrer Ansicht nach auch kaum vorstellbar, daß irgendein Gast zum zweitenmal hierherkäme.“

„Nicht ein einziges Wort ist davon wahr! Mrs. Cornett ist mein Zeuge …“

„Mrs. Cornett wiederholte Ihre Worte gegenüber Bertie van Than“, fuhr Tobermory fort, „und sagte noch: ‚Dieses Weib ist ein regelrechter Freßsack. Wenn sie weiß, daß sie ihre vier ausgiebigen Mahlzeiten pro Tag bekommt, geht sie überall hin!‘ Und Bertie van Than sagte …“

Glücklicherweise wurde der Bericht an dieser Stelle unterbrochen. Tobermory hatte Tom, den großen gelben Kater aus dem Pfarrhaus, entdeckt, der durch die Ziersträucher zum Stall schlich. Mit einem gewaltigen Satz war er durch die offenstehende Terrassentür verschwunden.

Nach der Flucht seines allzu gelehrigen Schülers fand sich Cornelius Appin plötzlich inmitten eines Orkans erbitterter Vorwürfe, ängstlicher Fragen und flehender Bitten. Allein bei ihm liege die Verantwortung für die entsetzliche Situation, und an ihm sei es jetzt, dafür zu sorgen, daß alles nicht noch schlimmer würde. Ob Tobermory seine gefährliche Begabung auch anderen Katzen mitteilen könne, war das erste, was man ihn besorgt fragte. Möglich sei es, erwiderte er, daß er seine intime Freundin, die Stallkatze, in seine neuen Fähigkeiten einweihe; es sei jedoch unwahrscheinlich, daß er damit Erfolg hätte.

„Meinetwegen mag Tobermory eine wertvolle Katze und ein besonders liebes Tier sein“, meinte Mrs. Cornett. „Du wirst jedoch zugeben müssen, Adelaide, daß man ihn möglichst schnell beseitigen muß – und die Stallkatze auch!“

„Glaubst du etwa, daß ich die letzte Viertelstunde besonders genossen habe?“ sagte Lady Blemley verbittert. „Mein Mann und ich mögen Tobermory wirklich gern – wenigstens mochten wir ihn, solan-

ge er diese schrecklichen Fähigkeiten noch nicht besaß. Aber jetzt gibt es natürlich keine andere Lösung, als ihn so schnell wie möglich zu beseitigen."
„Vielleicht können wir etwas Strychnin in sein Fressen tun", meinte Sir Wilfrid. „Die Stallkatze werde ich persönlich ersäufen. Der Kutscher wird seinem Liebling zwar nachtrauern, aber ich werde einfach sagen, daß bei beiden Katzen eine ansteckende Räude ausgebrochen sei und daß wir fürchteten, sie könnten auch die Hunde infizieren."
„Und meine einzigartige Entdeckung!" unterbrach Mr. Appin ihn. „Nach so vielen Jahren des Forschens und Experimentierens ..."
„Meinetwegen experimentieren Sie mit Rindviechern weiter, die man eingesperrt halten kann", sagte Mrs. Cornett. „Oder auch mit Elefanten in den Zoologischen Gärten. Elefanten sollen doch so intelligent sein, und außerdem sagt man von ihnen, daß sie sich weder in Schlafzimmern herumtreiben noch unter Sesseln verstecken!"
Ein Erzengel, der verzückt das Tausendjährige Reich verkündet hat und dann feststellen muß, daß es aus irgendeinem Grund auf unbestimmte Zeit hinausgeschoben wird, könnte kaum enttäuschter sein als Cornelius Appin über das Echo, das sein wunderbarer Erfolg ausgelöst hatte. Die öffentliche Meinung stand jedoch gegen ihn, und hätte man auf die Stimme der Allgemeinheit gehört,

wäre eine bedeutende Minderheit vermutlich dafür gewesen, ihm ebenfalls eine strychningewürzte Speise vorzusetzen.
Schlechte Zugverbindungen und der nervöse Wunsch, das hoffentlich gute Ende noch mitzuerleben, verhinderten die sofortige Abreise der Beteiligten; aber trotzdem war das Abendessen kein gesellschaftlicher Erfolg. Besonders Sir Wilfrid hatte aufregende Stunden hinter sich – zuerst wegen der Katze, dann wegen des Kutschers. Agnes Resker begnügte sich – für alle sichtbar – mit einem trockenen Toast, in den sie jedoch hineinbiß, als sei er ihr persönlicher Feind. Mavis Pellington befleißigte sich eines störrischen Schweigens; Lady Blemley dagegen redete ununterbrochen und hoffte, daß man es als Unterhaltung ansehen würde, während ihre Augen immer wieder zur Tür wanderten. Auf dem Büfett stand eine Schüssel mit sorgfältig präpariertem Fisch – aber nachdem Nachspeise, Käse und Mokka abserviert waren, hatte man Tobermory weder im Speisezimmer noch in der Küche gesehen.
Der Leichenschmaus fand seine würdige Fortsetzung in der Nachtwache, die im Rauchzimmer abgehalten wurde. Essen und Trinken hatten zumindest zur Folge, daß die herrschende Verlegenheit bemäntelt und man von ihr abgelenkt wurde. Eine Partie Bridge stand jedoch bei der vorhandenen Nervenanspannung und auf Grund der allgemeinen Stimmung gar nicht zur Debatte. Um elf

Uhr ging das Personal zu Bett, nachdem noch Bescheid gesagt worden war, daß das kleine Fenster in der Anrichte – Tobermorys Privateingang – wie üblich offenstehe. Die Gäste hingegen lasen sich standhaft durch die vorhandenen Magazine hindurch und griffen sogar auf literarische Zeitschriften sowie auf die verschiedenen Sammelbände des *Punch* zurück. In regelmäßigen Abständen suchte Lady Blemley die Anrichte auf, kehrte jedoch immer mit einem Ausdruck dumpfer Niedergeschlagenheit zurück, der jede Frage überflüssig machte.

Um zwei Uhr brach Clovis das lastende Schweigen.

„Heute nacht kommt er doch nicht mehr. Vermutlich sitzt er in der Redaktion der hiesigen Zeitung und diktiert das erste Kapitel seiner Memoiren. Sie werden alles übrige aus dem Felde schlagen und die Sensation des Tages werden."

Nachdem Clovis seinen Beitrag zur allgemeinen Unterhaltung beigesteuert hatte, begab er sich zu Bett. In längeren Abständen folgten die anderen Gäste seinem Beispiel.

Die Diener, die am folgenden Morgen den Frühstückstee auf den Zimmern servierten, gaben auf die stets gleiche Frage eine ständig wiederkehrende Antwort: Tobermory sei noch nicht nach Hause gekommen.

Das gemeinsame Frühstück verlief – wenn überhaupt möglich – noch unerfreulicher als das gestri-

ge Abendessen; bevor man sich jedoch wieder erhob, wurde die Situation geklärt: Tobermorys Leichnam wurde ins Haus gebracht. Einer der Gärtner hatte ihn zwischen den Ziersträuchern gefunden. Aus der Bißwunde an seiner Kehle und den gelben Haarbüscheln an seinen Krallen wurde deutlich, daß er in dem ungleichen Kampf mit dem Tom aus dem Pfarrhaus unterlegen war.
Gegen Mittag hatten die meisten Gäste das Haus verlassen, und nach dem Essen hatte sich Lady Blemley wieder so weit erholt, daß sie an das Pfarrhaus einen äußerst unangenehmen Brief wegen des Verlustes ihres Lieblings schreiben konnte.
Tobermory war Mr. Appins erster erfolgreicher Schüler gewesen, und das Schicksal wollte es, daß er keinen Nachfolger bekam. Wenige Wochen später riß sich im Dresdener Zoo – ohne vorher die geringste Erregung zu zeigen – ein Elefant los und tötete einen Engländer, der ihn offenbar geärgert hatte. Der Name des Unglücklichen wurde von den Zeitungen verschieden angegeben: einmal als Oppin, dann wieder als Eppelin. Als Vorname wurde jedoch überall gleichlautend „Cornelius“ genannt.
„Wenn er versucht haben sollte, dem armen Tier die deutschen unregelmäßigen Verben beizubringen, hat er es auch nicht anders verdient“, sagte Clovis.

Patricia Highsmith

Mings größte Beute

Gerade hatte Ming es sich in der Kabine seiner Herrin am Fußende des Bettes bequem gemacht, als der Mann ihn am Kragen packte, die Kabinentür öffnete, ihn nach draußen auf Deck setzte und die Tür wieder zumachte. Die blauen Katzenaugen wurden weit vor Schreck und Zorn, mußten sich aber bis auf einen schmalen Schlitz gleich wieder schließen, denn das Sonnenlicht war zu hell. Dies war nicht das erstemal, daß man ihn so rücksichtslos aus der Kabine entfernte; und Ming wußte sehr wohl, daß der Mann das nur tat, wenn Elaine, die Herrin, es nicht merkte.

Ein schattiger Platz war jetzt auf dem Segelboot nicht zu finden, doch für Ming war die Hitze noch erträglich. Leichtfüßig sprang er auf das Kabinendach; dort lag hinter dem Mast das zusammengerollte Tau, das er als Ruheplatz schätzte – hier oben konnte man alles gut beobachten, und es ruhte sich auch schön in der Taumulde, sie schützte vor steifen Brisen und milderte, da sie in der Schiffsmitte lag, das plötzliche Schaukeln und Schwanken der „Weißen Lerche". Jetzt waren die Segel gerafft worden, denn Elaine und der Mann hatten soeben ihren Lunch zu sich genommen; darauf folgte meistens eine Ruhestunde, und da wollte der Mann ihn nicht in der Kabine haben, das wußte Ming. Lunch war etwas Gutes; er hatte sich ebenfalls eine Mahlzeit einverleibt, die aus köstlich gegrilltem Fisch und etwas Hummer bestand. Nun lag er bequem zusammengerollt auf dem Tau und öffnete die Schnauze zu einem langen Gähnen; die schrägen Augen waren wegen des Sonnenglastes fast geschlossen, er blinzelte ein wenig und sah in der Ferne die hellbraunen Hügel und die rosa und weißen Häuser und Hotels in der weiten Bucht von Acapulco. Auf der Wasserfläche zwischen dem Boot und dem Strand, wo Menschen herumplanschten, von denen hier nichts zu hören war, glitzerte die Sonne wie tausend kleine elektrische Lichter, die unaufhörlich aus- und angingen. Ein Mann auf Wasserskiern jagte vorbei und ließ eine weiße Gischtspur hinter sich aufsprühen. So viel Tatendrang, dachte Ming schläfrig. Er fühlte, wie die Sonnenwärme ihm tief ins Fell eindrang. Ming stammte aus New York, und Acapulco war für ihn unvergleichlich viel schöner als das Milieu seiner ersten Wochen. Er erinnerte sich an einen sonnenlosen Kasten, der Boden war strohbedeckt, und mit ihm zusammen saßen noch drei oder vier andere Kätzchen darin. Hinter dem Fenster sah man Riesen vorübergehen; manchmal blieb einer stehen und klopfte an die Scheibe, damit Ming aufblickte, und dann ging er weiter. Von seiner Mutter wußte er gar nichts mehr. Eines Tages erschien eine junge Frau, die angenehm roch; die nahm ihn mit sich, fort von dem scheußlichen Geruch nach Hunden, Medizin und Papageienkot. Sie bestiegen etwas, das, wie er jetzt wußte, ein Flugzeug war. Heute war er längst an Flugzeuge gewöhnt und hatte sie gern. Während des Fluges saß er immer auf Elaines Knien oder schlief in ihrem Schoß, und stets gab es etwas zu essen, wenn er hungrig war.

Elaine verbrachte viel Zeit in einem Laden in Acapulco, wo an den Wänden Kleider und Hosen und Badeanzüge hingen. Es roch dort frisch und sauber, in den Vasen und den Blumenkästen vorn an der Straße standen frische Blumen, und der Fußboden war aus kühlen blauweißen Fliesen. Ming durfte überall herumwandern, auch in den Patio hinter dem Laden, oder er konnte in seinem Körbchen schlafen, das in der Ecke stand. Draußen vor dem Laden schien die Sonne, und es war wärmer, aber da trieben sich oft böse Kinder herum, die ihn zu greifen versuchten, wenn er vor der Tür saß. Ruhe hatte er dort fast nie.

Am liebsten lag Ming in der Sonne, wenn seine Herrin ebenfalls auf einem der Liegestühle ausgestreckt lag, die zu Hause auf der Terrasse standen. Weniger lieb waren ihm die Gäste, die sie zuweilen einlud und die dann über Nacht blieben, viele Gäste, die aßen und tranken und bis in die Nacht hinein aufblieben, Klavier oder Schallplatten spielten und die ihn alle von Elaine fernhielten. Sie traten ihm auf die Pfoten, packten ihn manchmal von hinten am Kragen, bevor er entwischen konnte, so

daß er sich winden und kämpfen mußte, um freizukommen; sie strichen ihm grob übers Fell oder machten irgendwo eine Tür zu, so daß er nicht hinaus konnte. Menschen! Ming fand sie alle gräßlich. Auf der ganzen Welt mochte er nur Elaine. Sie liebte ihn und verstand ihn auch.
Vor allem diesen einen Mann, der Teddie hieß, verabscheute Ming. Teddie war in letzter Zeit andauernd da, und die Art, wie er Ming ansah, wenn Elaine nichts merkte, mochte Ming gar nicht. Manchmal, wenn sie nicht in der Nähe war, murmelte Teddie etwas, das nach Drohung klang; das verstand Ming. Oder er wollte Ming hinausschicken. Ming nahm es alles gelassen und mit ruhiger Würde auf. Elaine war ja doch auf seiner Seite; der Störenfried war der Mann. In ihrer Gegenwart spielte er manchmal Theater und versuchte Ming zu hätscheln, doch Ming ließ sich darauf nicht ein, er drehte sich um und ging mit zierlichen Samtschritten in anderer Richtung fort.
Jetzt wurde Mings Schläfchen unterbrochen, die Kabinentür ging auf. Er hörte Elaine und den Mann lachen und reden. Der große feuerrote Sonnenball lag fast am Horizont.
„Aber Ming – mein Kleines, Armes!“ Elaine trat näher. „Du mußt ja fast gebraten sein bei der Hitze. Ich dachte, du wärst drinnen!“
„Ich auch“, sagte Teddie.
Ming schnurrte, wie er es immer tat beim Erwachen. Behutsam nahm Elaine ihn auf den Arm

und trug ihn nach unten in die Kabine, wo es kühl und schattig war. Dabei sagte sie etwas zu dem Mann und keineswegs in sanftem Ton. Sie setzte Ming vor seinem Schüsselchen mit Wasser ab, und ihr zuliebe trank er ein wenig, obgleich er nicht durstig war. Er war tatsächlich etwas benommen von der Hitze und schwankte ein wenig.

Elaine nahm ein nasses Tuch und fuhr ihm damit sanft über das Gesicht, die Ohren und die vier Pfoten. Dann legte sie ihn vorsichtig auf das Bett, das nach ihrem Parfüm duftete, aber auch nach dem Mann, den Ming haßte. Jetzt zankten sich die beiden, das hörte Ming an dem Ton der Stimmen. Elaine blieb bei Ming auf dem Bettrand sitzen, und nach einer Weile hörte Ming draußen ein klatschendes Geräusch: Teddie war also ins Wasser gesprungen. Ming hoffte, er werde dort bleiben, vielleicht sogar ertrinken, jedenfalls nie wiederkommen. Elaine trat mit einem Waschlappen an den Aluminiumausguß, ließ Wasser darauf laufen, drückte ihn aus, legte ihn auf das Bett und hob Ming hinauf. Sie brachte Wasser, und nun war Ming durstig und trank. Dann ließ sie ihn schlafen, während sie das Geschirr wegräumte – lauter vertraute Geräusche, die Ming gern hörte.

Platsch – platsch – platsch. Ming hörte Teddies nasse Füße oben an Deck und war sofort hellwach. Der Streit fing wieder an. Elaine stieg die Stufen zum Deck hinauf. Ming blieb angespannt liegen, das Kinn noch auf dem feuchten Tuch, den Blick auf die Kabinentür gerichtet. Jetzt hörte er Teddies Schritte näher kommen. Ming hob ein wenig den Kopf; er wußte, hinter ihm gab es keinen Ausgang, er war in der Kabine gefangen. Der Mann blieb mit dem Badetuch in der Hand stehen und starrte Ming an.

Ming reckte sich, als wollte er gähnen; die Augen schielten etwas, und die Zunge schob sich ein wenig aus der Schnauze. Der Mann wollte etwas sagen, einen Augenblick sah es so aus, als werde er das zusammengerollte Badetuch Ming an den Kopf werfen, doch er zögerte und verschluckte, was er hatte sagen wollen. Dann schleuderte er das Badetuch in den Ausguß und bückte sich, um das Gesicht zu waschen. Es war nicht das erstemal, daß Ming ihm die Zunge herausgestreckt hatte. Oft hatten Leute gelacht, bei einer Party zum Beispiel, wenn Ming das tat, und das hatte Ming gefreut. Aber er spürte auch, daß Teddie es für eine feindliche Geste hielt, und deshalb streckte er ihm eigens und mit Bedacht die Zunge heraus, während es ihm bei anderen Leuten oft unabsichtlich passierte.

Der Streit ging weiter. Elaine war dabei, Kaffee zu machen. Ming fühlte sich besser und stieg wieder auf Deck; die Sonne war nun untergegangen. Elaine ließ den Motor an, und das Boot glitt langsam auf die Küste zu. Ming hörte schon die Vögel singen; es waren sonderbare Rufe, die wie schrille Sätze klangen und die manche Vögel erst bei

Sonnenuntergang hören ließen. Ming freute sich auf die Heimkehr in das Steinhaus oben auf der Klippe, sein und Elaines Heim. Er hatte es zu Hause bequemer als auf dem Boot, aber er kannte den Grund, warum sie ihn nie zu Hause ließ, wenn sie mit dem Boot wegfuhr: sie hatte Angst, jemand könnte ihn wegholen oder sogar umbringen. Das verstand er. Sie hatten schon fast unter ihren Augen versucht, ihn zu greifen. Einmal hatte er unversehens in einem Sack gesteckt, und obgleich er wie ein Wilder kämpfte, hätte es ihm wahrscheinlich alles nichts genützt, wenn nicht Elaine selber den Jungen geohrfeigt und ihm den Sack entrissen hätte.
Ming hatte vorgehabt, noch einmal auf das Kabinendach zu springen, doch nach kurzem Blick beschloß er, seine Kräfte zu schonen; er legte sich mit eingezogenen Pfoten auf das noch sonnenwarme abfallende Deck und ließ den Blick über die näher kommende Küste schweifen. Vom Strand herauf kamen Gitarrenklänge. Die Stimmen der Herrin und den Mannes waren jetzt verstummt. Eine Weile übertönte das Chock-chock-chock des Motors die anderen Geräusche; dann hörte Ming, wie bloße Männerfüße die Stufen von der Kabine heraufkamen. Ming wandte nicht den Kopf, nur die Ohren legte er unbewußt ein wenig zurück. Er blickte über das Wasser vor sich und unter sich – es war nur einen Katzensprung entfernt. Sonderbar: von dem Mann hinter ihm kam kein Laut. Die

Haare an Mings Hals sträubten sich ganz leicht. Er warf einen Blick über die rechte Schulter. Im gleichen Augenblick bückte sich der Mann und kam mit ausgebreiteten Armen auf ihn zu.
Ming war sofort auf den Füßen und sprang auf den Mann zu; da das Deck keine Reling hatte, blieb ihm kein anderer Weg. Der Mann hob den linken Arm und versetzte Ming einen Stoß vor die Brust, der ihn zurückschleuderte. Die kleinen Krallen kratzten über das Holz, doch die Hinterbeine rutschten über den Deckrand. Mit den Vorderfüßen klammerte sich Ming an das glatte Holz, das wenig Halt bot, während die Hinterbeine sich abmühten, einen Vorsprung zu finden und an der Seitenwand des Bootes hochzuklimmen, die sich – ungünstig für Ming – nach außen wölbte.
Der Mann trat vor, um mit dem Fuß Mings Pfoten vom Deckrand zu schieben, doch in diesem Moment kam Elaine die Treppe herauf.
„Was ist los? Ming!!"
Mings kräftigen Hinterbeinen gelang es allmählich, ihn Schritt für Schritt an Deck zu hieven. Der Mann war niedergekniet, als wollte er ihm helfen.
Elaine hatte sich ebenfalls auf die Knie niedergelassen und hielt jetzt Ming am Kragen.
Ming reckte sich, dann hockte er sich auf den Boden. Sein Schwanz war naß.
„Er ist über Bord gefallen", sagte Teddie. „Er ist immer noch groggy, siehst du. Einfach vornüber gefallen, als das Boot schaukelte."

„Die Sonne ist schuld. Armer Ming!“ Elaine hielt ihn fest an sich gedrückt und trug ihn nach unten in die Kabine. „Teddie – kannst du das Steuer übernehmen?“

Der Mann kam ebenfalls hinunter in die Kabine, wo Elaine Ming auf ihr Bett gelegt hatte und leise zu ihm sprach. Sein Herz schlug immer noch hart und schnell. Er hatte jetzt Angst vor dem Mann am Steuer, obgleich Elaine da war. Sie fuhren in die kleine Bucht, wo sie immer anlegten, bevor sie von Bord gingen.

Hier hatte Teddie viele Freunde und Kumpane, die Ming alle verabscheute, weil sie zu Teddie gehörten, auch wenn dies hier bloß mexikanische Halbwüchsige waren. Einige Bengels in Shorts schrien auch gleich: „Señor Teddie!“, sie boten Elaine die Hand zum Aussteigen, sie ergriffen das Tau, das vorn am Boot festgemacht war, und erboten sich immer wieder, Ming zu tragen. „Ming – Ming!“ Mit einem Sprung setzte Ming an Land und hockte sich nieder, um auf Elaine zu warten und schnell zur Seite zu springen, wenn eine Hand näher kam, um ihn zu packen; und es waren viele braune Hände da, die nach ihm zu greifen versuchten und denen er immer wieder ausweichen mußte. Geschrei, Lachen, Getrampel von nackten Füßen auf Holzbohlen, und dann Elaines beruhigende Stimme, die den Jungens warnende Worte zurief. Ming wußte, sie war noch damit beschäftigt, die Plastiktaschen an Land zu bringen und die Kabinentür

abzuschließen. Teddie ließ sich von einem der Jungens dabei helfen, die Leinenplane über das Kabinendach zu ziehen. Und nun waren Elaines sandalenbekleidete Füße neben Ming angekommen, und Ming folgte ihr. Ein Junge nahm ihr die Sachen ab, die sie trug, und sie hob Ming auf den Arm.
Sie bestiegen den großen Wagen ohne Dach, der Teddie gehörte, und fuhren die gewundene Straße hinauf zu Elaines und Mings Haus. Einer der Jungens saß am Steuer. Der Ton, in dem Elaine und Teddie miteinander sprachen, war jetzt ruhiger, sanfter. Der Mann lachte. Ming saß angespannt auf Elaines Schoß; er spürte ihre liebevolle Fürsorge an der Art, wie sie ihn streichelte und am Hals kraulte. Der Mann streckte die Hand aus und legte sie Ming auf den Rücken, und Ming ließ ein dunkles Grollen hören, das stieg und absank und tief aus der Kehle kam.
„Na, na", sagte der Mann mit gespielter Heiterkeit und zog die Hand zurück.
Elaine hatte angefangen, etwas zu sagen, und sich dann unterbrochen. Ming war sehr müde, er wollte jetzt nichts als schlafen, schlafen auf dem breiten Bett zu Hause, auf dem eine rot-weiß gestreifte Decke aus dünner Wolle lag. Kaum hatte er den Gedanken zu Ende gedacht, da fand er sich auch schon in der kühlen, duftenden Umgebung des eigenen Hauses und wurde behutsam auf das Bett mit der weichen wollenen Decke gelegt. Seine Herrin gab ihm einen Kuß und sagte etwas, in dem

das Wort „hungrig" vorkam. Ming hatte verstanden: er sollte ihr Bescheid sagen, wenn er hungrig war.

Ming döste ein und erwachte erst, als er auf der Terrasse in wenigen Metern Entfernung, hinter der offenen Glastür, Stimmen hörte. Es war jetzt ganz dunkel draußen; Ming konnte das Ende des Tisches sehen und erkannte auch an der Art des Lichtes, daß Kerzen auf dem Tisch brannten. Concha, die Dienerin, die im Haus schlief, räumte gerade den Tisch ab; Ming hörte ihre Stimme und dann auch die Stimmen von Elaine und dem Mann. Er roch den Zigarrenrauch, sprang auf und hockte sich einen Augenblick vor die offene Tür, die auf die Terrasse führte. Er gähnte, machte einen Buckel, reckte sich und lockerte die Muskeln, indem er die Krallen in den dicken Sisalteppich grub. Dann glitt er nach rechts hinaus auf die Terrasse und lief lautlos weiter, die breite Steintreppe hinunter in den Garten. Der Garten war wie ein Urwald, eine Dschungelwildnis mit Avocado- und Mangobäumen, die bis zur Terrasse reichten, an der Mauer kletterte Bougainvillea hoch, Orchideen rankten sich an den Bäumen empor, und Magnolien und Kamelien, die Elaine selbst gepflanzt hatte, wuchsen in üppiger Fülle. Ming hörte auch Vögel in den Nestern zwitschern; er kletterte zuweilen hinauf, um an die Nester zu kommen, doch heute abend hatte er keine Lust, obgleich er nicht sehr müde war. Die Stimmen der Herrin und des Mannes

beunruhigten ihn. Die Herrin stand heute abend nicht gut mit dem Mann, das war deutlich zu merken.
Concha war sicher noch in der Küche; Ming beschloß hineinzugehen und sie um etwas zu essen zu bitten. Concha hatte ihn gern. Einmal hatte das Haus eine Dienerin gehabt, die ihn nicht mochte; die war von Elaine entlassen worden. Ming dachte lustvoll an gegrilltes Schweinefleisch, das wäre schön heute abend. Die Herrin und der Mann hatten das zum Abendessen gehabt. Vom Meer her wehte eine kühle Brise und fuhr ihm leicht durchs Fell. Er war nun wieder ganz erholt nach dem gräßlichen Erlebnis vorhin, als er fast ins Wasser gefallen war.
Auf der Terrasse war niemand mehr. Ming bog nach links ein, ins Schlafzimmer, und wußte sofort, daß der Mann da war, obgleich kein Licht brannte und er ihn nicht sehen konnte. Der Mann stand am Toilettentisch und war dabei, ein Kästchen zu öffnen. Ohne es zu wissen, ließ Ming noch einmal das tiefe Grollen hören, das aufstieg und wieder absank; er blieb starr so stehen, wie er in dem Augenblick stand, als er den Mann bemerkte: der rechte Vorderfuß war zum nächsten Schritt vorgestreckt und die Ohren zurückgelegt. Er war zum Sprung bereit, irgendwohin, obgleich ihn der Mann noch nicht gesehen hatte.
„Sss-sst, verdammt noch mal!“ sagte der Mann leise und stampfte leicht mit dem Fuß auf, um

Ming zum Rückzug zu bewegen. Ming rührte sich nicht. Er hörte das weiche Scheppern der weißen Halskette, die der Herrin gehörte und die nun in der Tasche des Mannes verschwand. Der Mann ging rechts an Ming vorbei und zur Tür hinaus, die in das große Wohnzimmer führte. Ming hörte das Klirren der Flasche gegen das Glas, das jetzt gefüllt wurde. Ming ging durch dieselbe Tür und wandte sich nach links, der Küche zu. Miau-miau ... Elaine und Concha waren in der Küche und begrüßten ihn. Aus Conchas Radioapparat ertönte Musik.

„Fisch? – Nein, Braten. Braten mag er gern", sagte Elaine in dem speziellen Idiom, das Concha leichter verstand.

Ming deutete ohne Mühe an, daß ihm Braten auch lieber sei; er erhielt ihn und fraß mit großem Appetit. Concha rief einmal: „Ahii-iii!", als die Herrin ihr etwas auseinandersetzte, und sie beugte sich nieder, um Ming zu streicheln. Er duldete es, aber er blickte dabei weiter auf seinen Teller, bis sie aufhörte und er seine Mahlzeit beenden konnte. Elaine ging hinaus. Concha goß ein wenig kondensierte Milch, die Ming sehr liebte, in seine Untertasse, und er leckte sie auf. Zum Dank rieb er schnurrend die Flanke an ihrem nackten Bein und ging dann ebenfalls hinaus. Vorsichtig trat er auf dem Weg ins Schlafzimmer in den Wohnraum, aber die Herrin und der Mann saßen jetzt draußen auf der Terrasse. Ming war gerade im Schlafzimmer angekommen, als er Elaine rufen hörte:

„Ming –? Wo bist du?"
Ming ging zur Terrassentür und blieb einen Augenblick dort stehen, dann setzte er sich auf die Schwelle.
Elaine saß seitwärts am Ende des Tisches. Hell schien das Kerzenlicht auf das lange blonde Haar und die weißen Hosenbeine. Sie klopfte sich auf den Schenkel, und Ming sprang ihr auf den Schoß.
Der Mann sagte etwas mit halblauter Stimme, etwas Unfreundliches. Elaine erwiderte im gleichen Ton, aber sie lachte dazu.
Das Telefon klingelte. Elaine setzte Ming auf den Boden und ging hinüber ins Wohnzimmer.
Der Mann leerte sein Glas, sagte leise etwas zu Ming und stellte das Glas auf den Tisch. Dann stand er auf und versuchte, Ming einzukreisen oder ihn auf den Rand der Terrasse zu treiben, das merkte Ming, und er wußte auch, daß der Mann betrunken war; er bewegte sich langsam und ungeschickt. Rings um die Terrasse lief ein Geländer, das dem Mann etwa bis zur Hüfte reichte; an drei Stellen wurde es von einem Gitterrost durchbrochen, und die Gitterstäbe waren weit genug, daß Ming hindurchschlüpfen konnte, was er jedoch niemals tat, er warf nur zuweilen einen Blick durch die Stäbe. Es war ihm klar, daß er Mann ihn durch eins der Gitter jagen wollte, oder er wollte ihn packen und über die Brüstung werfen. Es war kinderleicht für Ming, ihm auszuweichen. Jetzt ergriff der Mann einen Stuhl und schwang ihn plötzlich

durch die Luft, dabei traf er Ming an der Seite, schnell und heftig, das tat weh. Ming suchte den nächsten Ausweg, das war die Steintreppe, die nach unten in den Garten führte, und lief hinunter. Der Mann kam hinter ihm her. Ohne nachzudenken, schoß Ming die paar Stufen wieder hinauf, die er eben hinuntergelaufen war, wobei er sich dicht an der im Schatten liegenden Mauer hielt. Der Mann hatte ihn nicht gesehen, das wußte er. Er sprang auf das Terrassengeländer, setzte sich und leckte sich einmal die Pfote, nur um sich zu sammeln; sein Herz schlug so hart, als sei er mitten im Kampf. Haß erfüllte ihn, Haß brannte in seinen Augen, als er sich jetzt hinkauerte und horchte, wie der Mann unsicher begann, die Treppe emporzuklimmen. Da – er kam in Sicht.

Ming spannte sich zum Sprung und sprang dann, so hart er konnte, mit allen vieren auf den rechten Arm des Mannes nahe der Schulter, wo er sich an der weißen Jacke festkrallte. Sie fielen beide um, und der Mann stöhnte. Ming ließ nicht locker. Zweige knackten, Ming wußte nicht mehr, was oben und unten war. Er sprang ab, erkannte zu spät die Richtung und den Erdboden und landete auf der Seite. Fast gleichzeitig hörte er, wie der Mann dumpf zu Boden schlug und dann etwas weiter rollte. Stille. Mings Atem ging schnell, die kleine Schnauze stand offen, bis der Schmerz in der Brust nachließ. Aus der Richtung des Mannes kam der Dunst von Alkohol und Tabak und der scharfe

Geruch der Angst. Aber der Mann rührte sich nicht.
Ming konnt jetzt ganz gut sehen; auch schien ein wenig Mondlicht durch den Garten. Er machte sich auf den Weg zur Treppe – ein langer Weg durch Buschwerk über Sand und Steine, bis er die ersten Stufen fand. Er stieg nach oben und stand wieder auf der Terrasse. Elaine kam gerade durch die Glastür nach draußen.
„Teddie?" rief sie und trat zurück ins Schlafzimmer, um eine Lampe einzuschalten. Dann ging sie in die Küche, und Ming folgte ihr. Concha hatte das Licht brennen lassen; sie war jetzt in ihrem eigenen Zimmer, aus dem Radiomusik tönte.
Elaine öffnete die Haustür. Der Wagen des Mannes stand noch auf dem Weg, das sah Ming. Seine Hüfte schmerzte ihn jetzt, oder er spürte den Schmerz erst jetzt; er hinkte leicht. Elaine bemerkte es, legte ihm weich die Hand auf den Rücken und fragte, was ihm fehle. Ming schnurrte nur.
„Teddie – wo bist du?" rief Elaine noch einmal. Sie nahm eine Taschenlampe und leuchtete hinunter in den Garten, zwischen die starken Stämme der Avocadobäume, die Orchideen und Lavendelblüten und die roten Flammen der Bougainvillea. Ming saß in Sicherheit neben ihr auf der Terrassenbrüstung und folgte dem Strahl der Lampe mit den Augen. Er schnurrte behaglich. Gleich hier unten war der Mann nicht, er war weiter hinten und mehr rechts. Elaine trat an die Terrassen-

treppe, die kein Geländer, sondern nur breite Stufen hatte, und zielte mit dem Lichtstrahl nach unten. Ming blickte nicht hin. Er saß jetzt oben auf der Terrasse, wo die Stufen anfingen.

„Teddie!“ rief Elaine. „Teddie!“ Sie lief die Stufen hinunter. Ming blieb oben sitzen. Er hörte, wie sie die Luft einzog und dann laut rief: „Concha!“ Eilig kam sie die Treppe wieder herauf. Concha war aus ihrem Zimmer gekommen, Elaine sprach mit ihr, und Concha wurde ganz aufgeregt. Elaine trat ans Telefon und sprach eine Weile, dann ging sie zusammen mit Concha die Treppe hinunter. Ming blieb bequem mit eingezogenen Pfoten auf dem Terrassenboden sitzen, der noch immer warm war von der Sonne. Ein Wagen fuhr vor, Elaine kam die Treppe herauf und ging an die Haustür. Ming blieb unbemerkt in einer dunklen Ecke der Terrasse sitzen und schaute zu, wie drei oder vier fremde Männer heraustraten und mit schweren Schritten die Treppe in den Garten hinuntergingen. Er hörte, wie sie unten redeten und dabei hin und her gingen, es knackte in den Büschen, dann kam der Geruch von allen zusammen die Stufen herauf, der Dunst von Tabak und Schweiß und der vertraute Geruch von Blut. Ming war sehr zufrieden. Er freute sich – so wie er sich immer freute, wenn er einen Vogel getötet und den Blutgeruch mit seinen Zähnen hervorgerufen hatte. Das hier war seine Beute – ein mächtige Beute. Keiner sah, wie sich Ming zu seiner vollen Größe aufrichtete, als die

Männer mit der Leiche vorbeigingen, und wie er das würzige Aroma seines Sieges mit erhobener Nase einsog.

Dann war auf einmal das Haus ganz leer. Alle waren fort, sogar Concha. Ming trank etwas Wasser aus seinem Schüsselchen in der Küche; dann ging er ins Schlafzimmer der Herrin, sprang auf das Bett, rollte sich auf dem Kissen zusammen und war in kurzer Zeit eingeschlafen. Er erwachte erst durch das laute Rr-rr-rr eines fremden Wagens. Die Haustür wurde geöffnet, er erkannte Elaines und dann auch Conchas Schritte; aber er blieb liegen, wo er lag. Ein paar Minuten lang unterhielten sich die beiden Frauen mit leisen Stimmen, dann kam Elaine ins Schlafzimmer, wo das Licht noch brannte. Ming sah ihr zu, wie sie langsam das Kästchen auf dem Toilettentisch öffnete und mit leisem Scheppern die weiße Halskette hineinfallen ließ. Sie schloß den Kasten und begann ihre Bluse aufzuknöpfen, doch bevor sie damit fertig war, warf sie sich plötzlich auf das Bett und streichelte Mings Kopf, hob seine linke Pfote und drückte sie sanft, so daß die Krallen heraustraten.

„O Ming – Ming“, sagte sie leise.

Und Ming hörte aus ihrer Stimme, wie lieb sie ihn hatte.

Robert Gernhardt

Drei Katzen

Der Tag beginnt mit hellem Licht,
mit Krach und Dampfertuten.
Drei Katzen sitzen stumm am Fluß
und schauen in die Fluten.

Die Sonne brennt. Man geht nach Haus,
wo schon die Braten schmoren.
Drei Katzen sitzen regungslos
und spitzen ihre Ohren.

Die Sonne sinkt. Die Nacht bricht an.
Im Walde ruft ein Käuzchen.
Drei Katzen sitzen unverwandt
und lecken ihre Schnäuzchen.

Jetzt ist es dunkel. Alles schweigt.
Der Mond zieht seinen Bogen,
da sagt die erste Katze ernst:
„Man hat uns angelogen.

Es gibt gar keine Wassermaus.
Die hat der Fuchs erfunden.
Und wir, wir glaubten ihm auch noch
und lauern hier seit Stunden!“

Betreten hör'n die andern zu.
Die leeren Bäuchlein schmerzen.
Drei Katzen sitzen stumm am Fluß
und schämen sich von Herzen.

Edward Lear

Die Geschichte der Sieben jungen Katzen

Die Sieben jungen Katzen begaben sich mit allen Anzeichen des Ergötzens und der Raubgier auf die Reise. Als sie aber einen mittelgroßen Berg erklommen hatten, gewahrten sie ganz in der Ferne ein Klangel-Wangel (oder, wie es eigentlich heißen muß, einen Klangel-Wangel), und indem sie alle Warnungen ihrer Eltern in den Wind schlugen, rannten sie schnurstracks auf ihn zu.

(Nun ist aber der Klangel-Wangel ein äußerst gefährliches und trügerisches Tier, das einem durchaus nicht alle Tage über den Weg läuft. Er ist auf dem Wasser ebenso wie auf dem Lande zu Haus und gebraucht, auf dem nassen Element, seinen langen Schwanz als Segel. Seine Fortbewegung ist außerordentlich geschwind, doch seine Lebensweise ist häuslich und überflüssig und sein Betragen im allgemeinen glupschäugig und gedankenschwer. An warmen Sommerabenden kann man zuweilen in der Umgebung des Pippel-Poppel-Sees ganze Scharen von Klangel-Wangeln beobachten, wie sie auf dem Kopf stehen und dabei ihre Volkslieder summen. Sie leben durchaus von pflanzlicher Nahrung, außer wenn sie gerade Kalb- oder Hammel- oder Schweine- oder Rindfleisch fressen, oder Fisch oder Salpeter.)

Kaum hatte der Klangel-Wangel die Sieben jungen Katzen näher rücken sehen, da nahm er Reißaus; und da er, ohne einzuhalten, vier Monate lang weiterrannte, und da die Katzen, obwohl sie ebenfalls immer weiterrannten, ihn nie einfangen konnten, starben sie alle miteinander nach und nach an Erschöpfung und Müdigkeit, und davon haben sie sich nie wieder erholt.
Und das war das Ende der Sieben jungen Katzen.

Mascha Kaléko

Der Kater
Ein Selbstgespräch

Wie? Mäusefangen? Nich die Spur!
Bloß Gabelfrühstück und *l'amour* …

Was? Romeo und *Vaterpflichten?*
Familienglück? – Ich kann verzichten!

– Kater werden ist nicht schwer,
Kater sein dagegen sehr. –

Michael Schulte

Tagebuch

Wenn die Mäuse offenbar ausgewandert sind, wenn die Herrschaft weder zum Spielen noch zum Ärgern, noch zur Verteilung der täglichen Ration Streicheleinheiten zur Verfügung steht, wenn artgerechter Besuch aus der Nachbarschaft nicht zu erwarten ist, langweilen sich auch Katzen. Man kann zum tausendsten Male probieren, den Deckel der Mülltonne zu öffnen, man kann in der Garage ein wenig Durcheinander anrichten und im Gemüsegarten einen Käfer umdrehen. Ein mageres Programm für einen ganzen Nachmittag. Man leckt sich noch einmal sauber, fegt ein paar Flöhe aus dem Fell, sieht nach, ob sich der Futternapf auf wundersame Weise gefüllt hat, leckt die leere Wasserschale noch leerer und sieht ein, daß die Möglichkeiten erschöpft sind.
Freilich, man könnte einen Spaziergang zu den umliegenden Höfen oder gar ins nächste Dorf unternehmen, doch hat Langeweile erst einmal vom Gemüt Besitz ergriffen, ist der Abenteuergeist so gut wie erloschen. Außerdem neigt man im Alter eher beschaulichem Zeitvertreib zu, verspürt kaum noch Lust, mit dem feisten Kater des Einödbauern Revierkämpfe auszufechten und dem Kettenhund von der Molkerei die Fresse zu zerkratzen. Wenn

alle Stricke reißen, kehrt man in den Geräteschuppen heim, legt sich auf den zausigen übelriechenden Pullover und liest in seinem Tagebuch. Genauer gesagt, man schnuppert sich von Fellpartikeln, Schmetterlings- und Vogelresten, von fremden und eigenen Duftmarken, von vertrockneten Fischköpfen und anderen Erinnerungsstücken die besonnte Vergangenheit ins Gedächtnis zurück.

19. 5. Kann schon seit zwei Tagen nicht mehr schlafen, da ich in den Kater vom Einsatzleiter der Feuerwehr verliebt bin. Ist bereits seit Monaten Witwer. Hat mich erst ignoriert, läßt mich aber inzwischen an seinem Hintern riechen. Werde ihm morgen die Lende lecken, nach dem Motto: mit den Waffen einer Frau.

21. 5. Werde mich in den nächsten Tagen etwas rar machen, damit Kater-Darling sich nicht einbildet, ich liefe ihm nach.

24. 5. Muß aufpassen, daß ich nicht schwanger werde. Kann jetzt keine Nachkommenschaft gebrauchen. Erst müssen ein paar grundsätzliche Dinge geregelt werden – Zusammenleben oder getrennte Wohnungen, falls letzteres, wöchentlich mindestens fünf Mäuse Alimente.

26. 5. Die Herrschaft angefaucht, weil ich im Schuppen einen neuen Pullover will. Haben mal

wieder nichts kapiert. Ohne Renovierung wird es nicht ganz einfach sein, Kater-Darling zu einem Umzug zu bewegen. Ist sowieso ein ziemlich seßhafter und träger Typ, nicht gerade von der flexiblen Sorte.

11. 6. Die meiste Zeit rumgetrödelt, Zungenwäsche, Gras ausgekotzt, Sonnenbad auf der Garage.

12. 6. Zwei Mäuse gefangen. Überlegt, ob ich die kleinere der Herrschaft schenken soll, mich dann doch anders entschieden. Habe noch nie erlebt, daß sie eine essen. Stecken sie gewöhnlich in die Mülltonne, wo sie ihren Wintervorrat aufheben.

20. 6. Ab sofort werden andere Saiten aufgezogen. Kater-Darling hat mich noch kein einziges Mal besucht, liegt von früh bis spät träge in seiner verdreckten Ecke im Spritzenhaus und spielt den Pascha. Entweder wir sehen uns abwechselnd bei ihm und bei mir, oder wir machen Schluß. Habe zum Abschied in sein Strohlager gepinkelt, um den Gestank verdorbener Ölsardinen und Wurstfragmente parfümierend zu überdecken.

21. 6. Er hat mir tatsächlich seine Aufwartung gemacht. Streckte natürlich sogleich alle viere von sich und ließ sich bedienen. Wir Katzenfrauen sind die Maulwürfe der Welt.

28. 6. Die Herrschaft vernachlässigt mich, füttert mich notdürftig, ist ansonsten mit reichlich sinnlosen Tätigkeiten beschäftigt. Gießen mit dem Gartenschlauch nicht nur die Beete, sondern auch das Auto, das deswegen aber kein Stück größer wird. Muß mir was ausdenken, um ein wenig Aufmerksamkeit zu erregen.

29. 6. Glänzender Einfall. Bin bis in den Wipfel der höchsten Birke geklettert und habe so getan, als käme ich ohne Hilfe nicht wieder runter. Wehklagendes verzweifeltes Miauen. The whole family im Garten, erteilen rufend gute Ratschläge. Muttern alarmiert die Feuerwehr. Während Chef von Kater-Darling unterwegs ist, lasse ich mich an dem Baumstamm hinab.

17. 7. Es ist soweit, ich bin schwanger. Werde Kater-Darling noch nichts verraten. Am besten, ich tue erst mal so, als würde ich mich für den Kastraten vom Totengräber interessieren. Macht ihn eifersüchtig, und er kann später nicht behaupten, die lieben Kleinen seien nicht von ihm.

21. 7. Plan funktioniert. Hat gesehen, wie ich mit dem Kastraten die Abfalleimer hinter der Kirche durchsuhlt habe. Ist mehr als sauer. Noch zwei bis drei Wochen, und ich habe ihn um die Tatze gewickelt.

Die Katze entfaltet gegen Ende des langweiligen Nachmittags eigentümliche Aktivitäten. Verhaltensforscher wären schwerlich in der Lage gewesen, dieses Treiben wissenschaftlich fundiert zu kommentieren. Was soll man davon halten, wenn eine Katze ihr autobiographisches Gerümpel nach draußen trägt und hinter dem Komposthaufen eingräbt? Selbst erfahrene Zoologen hätten sich nicht zu der Deutung verstiegen, daß hier jemand intime Aufzeichnungen verscharrt, nur weil jede Minute mit dem Besuch eines besorgten Katers zu rechnen ist.

Elke Heidenreich

Nero Corleone

In einer milden Sommernacht gelang es Nero, die bildschöne Kartäuserin des Fräulein von Kleist ins Freie zu locken. „Hallo, kleine Kleist", sagte er mit seiner süßesten Stimme zu ihr, und sie schmolz dahin und gebar dem Fräulein von Kleist fünf Junge: drei schwarze und zwei graue. Das Fräulein von Kleist war völlig außer sich, denn der Stammbaum der Kartäuserin reichte wie ihr eigener bis ins 12. Jahrhundert zurück, und da darf so etwas einfach nicht vorkommen! Ja, darf vielleicht nicht, kommt aber doch, und was will man schon gegen die Liebe machen! Die kleine Kleist gefiel Nero ausnehmend gut, und so blieb es nicht bei diesen fünf gemeinsamen Kindern. Bald waren in ganz Marienburg, in Bayenthal, Zollstock, ja bis hinauf nach Klettenberg Kinder der Kartäuserin in mehr oder weniger guten Familien untergekommen, und manch schwarzes war dabei, das seinem Vater Nero Corleone in Sachen Frechheit durchaus Ehre machte. Manchmal, wenn der Mond schien, lockte Nero die kleine Kleist aus dem Haus und stieg mit ihr auf die Dächer. Dann sahen sie sich den Mond an, sangen ein bißchen, und er gurrte: „Kleine Kleist, ich sage dir, das Leben ist schön!" Und sie antwortete: „Jaja, und nächste Woche gehst du wieder mit einer anderen.“ Vorwurfsvoll sah Nero sie an, zeigte ihr seine beiden Vorderpfoten – die weiße und die schwarze – und sagte mit honigsüßer Stimme: „Kleine Kleist, ich bitte dich, schau: können diese Pfoten fremdgehen?“ Und dann mußte sie lachen, und sie sangen noch ein bißchen.

Ab und zu brachten die andern Katzen ein schönes Mäuschen für Nero (oder wenigstens die leckere Hälfte davon), hoben ihm ein paar Brekkies auf, und Karlheinz zum Beispiel, Karlheinz bat ihn geradezu um Schutz. Karlheinz war ein alter räudiger Kater, der allein im Freien lebte. Ohne Zuhause streifte er durch die Gärten, fand hier und da etwas zu fressen, stöberte in Abfalleimern, hatte zwei, drei Adressen, wo er schon mal im Keller schlafen durfte und einen Teller Dosenfutter bekam. Karlheinz war alt, hustete und hatte nur noch ein Auge. Er sagte zu Nero: „Hör zu, du könntest mir diesen ekelhaften Tiger vom Leib halten und den idiotischen Hund von Frau General Grabowski, dafür kann ich dir ab und zu sagen, wo eine Milchsuppe zum Abkühlen draußen steht oder so…“

Das klappte gut. Nero versetzte dem Hund von Frau General Grabowski einen Schmiß und sagte: „Jetzt siehst du aus, wie ein Generalshund aussehen muß!“ Dafür schlich Karlheinz ein paar Tage später zu Nero in den Garten und verriet: „Nummer zwanzig, die schöne Zahnarztfrau. Direkt vor der Küchentür ein gekochtes Hühnchen, das abkühlen soll für Hühnersalat.“

„Danke, Kollege“, sagte Nero und zog sofort los. Er ließ auch für Karlheinz noch etwas übrig – es war ein dickes Hühnchen! –, und er versäumte nie, seiner Rosa ein schönes Beutestück mit nach Hause zu bringen, vor allem, wenn er von Feinkost Bollmann zurückkam.

Bei Feinkost Bollmann kauften nur reiche Leute ein: aufgedonnerte Frauen in Pelzmänteln, Pelzmäntel! Wenn Nero etwas verabscheute, dann waren das Pelzmäntel, er fühlte sich geradezu persönlich tief gekränkt durch diesen Anblick von soviel totem Fell. Die Herren, die bei Feinkost Bollmann Hummer und Champagner kauften, waren parfümierte Gecken, die Jacketts mit Seitenschlitzen trugen. Seitenschlitze! Nein, das war nicht nach Neros Geschmack, aber im Laden gab es köstliche Pasteten, zarten Lachs, Trüffelleberwurst und feinste Filets. Man mußte nur in die Kühlkammer kommen, und dazu mußte man an einem Hund vorbei, der aber vor lauter Feinkost in seinem Leben schon etwas vertrottelt war. Nero hatte sehr streng mit ihm gesprochen, hatte ihm geduldig erklärt, was er mit seiner weißen Pfote in Sachen Sehkraft zu machen imstande sei, hatte sich Gebell verbeten und war dann in die Kühlkammer gegangen, gleich hinter dem dicken Bollmann-Sohn Bodo her, der nicht merkte, daß eine Trüffelleberwurst vom Haken verschwand. Der Hund hatte keine Lust, sich mit Nero groß anzulegen. Er sah in Zukunft einfach blasiert zur Seite, wenn

Nero kam, und Nero sagte von oben herab: „Mein Guter, es ist wieder mal soweit, ich will doch einmal sehen, was der Lachs macht. Nur keine Aufregung. *Buon giorno*."
Von den zarten Lachsscheiben brachte er dann seinem Freund Karl, der kleinen Kleist und natürlich seiner Rosa etwas mit, aber die größte Portion fraß er schon selbst. Er wog inzwischen fast zehn Kilo, hatte ein dichtes, glänzendes schwarzes Fell und war der stärkste und größte Kater weit und breit.
Manchmal fanden nachts im Südpark Katzenversammlungen statt. Da wurde nicht viel geredet, man saß im Kreis, schaute in den Himmel, schwieg den Mond an, und immer war es doch klar, daß Nero der Mittelpunkt war. Wenn er aufstand, gähnte und sich streckte, wurde die Versammlung aufgelöst, wenn er sitzen blieb, saßen die andern auch still da. Höchstens Karl konnte es riskieren zu sagen: „Nero, komm, wir machen noch ein bißchen Musik." Und dann zogen sie in Kagels Haus und legten sich quer über die Klaviertasten, daß Frau Kagel oben aus dem Bett fiel vor lauter Schreck.
Dann und wann gab es Kämpfe. Da wollte sich doch Timmi tatsächlich an die kleine Kleist ranmachen, da jagte der Generalshund ohne Leine hinter der alten Klara her, da kam ein Hund zu Besuch, der sich an gewisse Regeln nicht halten wollte, oder da mußte eine besonders freche, große Elster zur Vernunft gebracht werden – immer hatte

Nero seine weiße Pfote mit im Spiel, und manches Mal kam er erst gegen Morgen zerrupft, naß, dreckig nach Hause, und Isolde seufzte: „Wo du dich nur immer herumtreibst, mein Täubchen."
„In der Welt, mein Engel", gähnte Nero, „in der Welt der Männer und der Kämpfe, von denen du keine Ahnung hast."
Manchmal brachte er ihr eine besonders große Maus mit dichtem Fell mit, warf sie ihr vor die Füße und gurrte: „Da, Schönste, näh dir ein Krägelchen!", bevor er sich in Isoldes Bett zusammenrollte und sie noch rufen hörte: „Oh! Das hab ich doch eben erst frisch bezogen … na, egal, schlaf du nur gut, mein kleines Prinzchen."

Joachim Ringelnatz

Katze vor Anker

Schlafen die Bewohner
Von dem Gaffelschoner
Im Kajüt am Heck? –

Weil das Boot vor Anker liegt,
Hockt die Katze mißvergnügt
Oben auf dem Deck.

Sieht sie Mäuse, Ratten? –
Doch der Wind hat sich gelegt.
Was sich einzig noch bewegt,
Ist ihr eigner Schatten.

Vor ihr liegt ein dickes Tau,
Rund geschlängelt wie ein Kranz,
Viel viel länger als ihr Schwanz.
Ach, miau – miau.

Keine Ratte, keine Maus,
Keine Gasse und kein Haus,
Nichts, was mitmiaute.

Und die arme Katerbraut
Äußert ihren Kummer laut
Dort im Strom bei Flaute.

Kurt Tucholsky

Die Katz

Neulich saß ich vor dem kleinen Theaterchen Ambassadeurs in den Champs-Elysées, unter grünen Bäumen. Um meine Bank strich mehrere Male eine große, gut genährte Katze, grau mit schwarzen Flecken. Wir kamen so ins Gespräch – sie fragte mich, wieviel Uhr es sei –, und da stellte sich heraus, daß sie aus Insterburg stammte. Nun kenne ich Insterburg sehr genau – ich habe da seinerzeit gedient –, und wir waren gleich im richtigen Fahrwasser. Sie kannte erstaunlich viele Leute, und wir hatten auch gemeinsame Bekannte: eine Verwandte von ihr war bei meinem Feldwebel Lemke Katze gewesen, sie wußte gut Bescheid. Meine Stammkneipe kannte sie und das Theater und die Kaserne und alle möglichen Orte. Ja, es ist sogar möglich, daß wir uns einmal gesehen hatten, im Schützenhaus zu Palmnicken, aber da hatte ich natürlich nicht so darauf geachtet. Wie es ihr denn so in Paris gefiele, fragte ich sie. „Näi, hier jefällts mir nich!" sagte sie. „Ich wäiß nich, die Leite sinn ja soweit janz natt – aber, wissen Se, mit die Verfläijung, das is doch nichts. Ja, 's jibbt ja Fläisch un so – aber Fischkeppe – wissen Se – son richtichen Kopp von nem Zanderchen oder Hachtchen – das hätt ich doch jar zu jern mal jajassen. Aber: Pustekuchen!"

Das fand ich auch sehr bedauerlich.
„Gott, man erlebt ja allerhand hiä“, sagte die Katze. „Da haben Se mich näilich einem alten Madamche ins Bett jestochen, wissen Se, die konnt keine Katzen läiden. Erbarmung! hat Se jebrillt. Ei, seht doch! seht doch! hat se immer jerufen – das heißt, ich denk mä das so – denn sie hat ja franzeesch jebrillt. Dabei hab ich se nuscht jetan! Und se hat all immer jemacht: ‚Pusch! Pusch! Willste da raus!‘ – Aber ich bin ruhig liegen jeblieben, wissen Se – und da hat se mit all ihre Koddern aufn Pianino jeschlafen – ja. Und am friehen Morjen hat se mer denn ein Tellerche Schmant hinjehalten, das hab ich auch jenomm, und denn bin ich los. Es war ne janz nette Frau soweit. Se war all janz bedammelt von den Unjlik.“
Aha. Und diese große Schramme da über dem Auge? Was wäre denn dies?
„I“, sagte die Katze, „da hat mir neulich son Kater anjesprochen – aber ich wollt nich – wissen Se, ich wer mer doch mit die franzeeschen Kater nich abjehm! De Frau in Insterburch hat auch immer jesacht, mehr als dräimal im Jahr soll ne ordentliche Katz nich – na, und meine Portion war all voll. Ja – ich wollt eben nich. Da hat mir doch das Biest anjesprungen! Was sagen Se –! Ich hab ’n aber ordentlich äine jelangt – so bald jeht der an käine ostpräische Katz mer ran, der Lorbas!“
„Kinder haben Sie also auch?“ fragte ich.
„Ja“, sagte sie. „Es sinn alles orntliche Katzen jeworn – bis auf äine. Die streicht da aufn Mon-

martä rum bei die Franzosen, und wenn mal 'n Tanzvergniejen is, denn macht se sich an die Fremden ran. Näilich dacht ich: I, dacht ich, wirst mal hinjehn, sehn, was se da macht. Wissen Se, ich hab mir rein die Augen ausn Kopp jeschämt, lauter halbnackte Marjellen – und meine Tochter immer dabäi! Sone Krät! Ich sach: ‚Was machst du denn hier?' sach ich. Se sagt: ‚Ah, Mama!' und denn redt se doch franzeesch mit mir! Mit die äijene Mutter! Ich sach: ‚Schabber nich so dammlich!' sach ich und jeb ihr eins mit de Pfot. Da haben se uns rausjeschmissen ausm Lokal, alle bäide – und draußen auf de Straß wollt ich mer nich mit se hinstellen. Und – rietz! war se denn auch jläich wech. Ach, wissen Se, heutzutach, mit die Kindä ...!"

Ja, da konnte ich nur zustimmen. Na – und sonst? Paris und so?

„Manchmal", sagte die Katze, „krie ich doch mächtig Heimweh. Kenn Se Keenichsbarch? Das is ne Stadt – wissen Se – da kann Paris jahnich mit! Da war ich mal auf Besuch – man is ja in de Welt rumjekomm, Gott sei Dank – und da war ich bei de Frau Schulz. Kenn Se die? Die Mutter von Lottchen Schulz, die immer so brillt? De Tochter hat jetzt jehäirat."

Halt! Lottchen Schulz kannte ich. Diese etwas bejahrte, schielende und hinkende Dame hatte geheiratet? Ich äußerte Bedenken.

„Och", sagte die Katze, „sehn Se mal: Nu hat se doch das lahme Bein, und ordentlich gucken kann se auch nicht mehr – was soll se –!"

Dagegen war nichts einzuwenden – Heirat schien in solchem Fall das beste.
„Ja, da war ich auf Besuch“, fuhr die Katze fort, „ach, wenn ich daran noch denk! Inne Ofeneck saßen die bäiden Jungens Schulz und schlabberten ein Tulpchen Biä nachn andern, de Frau trank Kaffee, und ich kriecht ab un zu ’n Stickche Spack – aber, wissen Se, son richtchen, ostpräißschen Kernspack – nich wie hier! Ja. Nur äin Malhör is mich in Keenichsbarch passiert: ich bin da in den Hiehnerstall jejangen und hab da jefriehstickt, und nachher hab ich es all jemerkt: alle die kläinen Kaichel, die hatten dem Pips! Dräi Tach war mir janz iebel!“
Eine feine Dame ging vorüber und sagte zu ihrer Begleiterin: „Vous savez, il n’y a que des étrangers à Paris!“
Die Katze sagte: „Wissen Se, hier mit die Katzen, da versteh ich mir janich! Se sind auch so janz anders als bäi uns – manche sind direkt kindisch – wissen Se …! Na, denn wer ich man bißchen jehn, auf Mäise …!“
Und lief seitwärts, in die Büsche. Ich wollte noch etwas sagen, sie nach ihrer Adresse fragen, aber sie war schon weg. Und ich stand noch lange vor dem Busch, und ohne daran zu denken, daß es ja eine Katze war, rief ich: „Landsmann! Landsmann!“ – Aber es antwortete keiner. Wir haben uns nicht mehr wiedergesehen.

Colette

Simplette

Ich heiße Simplette. Und ich habe mir meinen Namen auch redlich verdient. Aber leicht war es nicht …

Allerdings muß man dabei berücksichtigen, wie mein Eheleben aussah. Zu früh geheiratet, mit acht Monaten Mutter, noch vor Ablauf meines ersten Lebensjahres wiederverheiratet … Und so weiter. Ich welkte dahin. Sardinen, Lebertran, rohes Pferdefleisch. Bei dieser Kost kam ich wieder zu Kräften, die ich bestens zu nutzen wußte. Ich hoffe, Sie verstehen, was ich meine?

Jeder trägt sein Schicksal. Ich trage das meine im Bauch, neun Wochen lang. Ich fresse ausgiebig. Ich schlafe viel: Man muß sich doch Zeit zum Träumen nehmen, in mir und um mich herum ist ohnehin alles so fürchterlich real …

Ich bin eine sanfte Katzenmutter, ich trage das bescheidene Gewand und das ausdruckslose Lächeln von Gouvernanten zur Schau, die den Teufel unter ihren Röcken haben. Ich spaziere mit meiner Kinderschar umher, die ich ständig mit denen vom vorigen Wurf verwechsle. Ich bin weder besonders schlecht noch besonders gut zu ihnen. Eine geheimnisvolle Hand nimmt sie mir weg? Macht nichts! Ich werde neue bekommen …

Meine Gatten verlassen, betrügen, vergessen mich? Was soll's? Es kommen wieder andere ... Sie hätten nicht gedacht, daß man so liederlich sein und dabei so unschuldsvoll aussehen kann? Ich bin weder unschuldsvoll noch heimtückisch, ich kenne nicht einmal die heilige Leidenschaft, die meinen Geschlechtsgenossinnen schicksalhafte Schreie entlockt. In mir lebt nichts dergleichen, ich bin leer, auch wenn es nicht den Anschein hat. Immer derselbe Trott, keinerlei Abwechslung! Daher schlafe ich, soviel ich kann. Und oft träume ich – o Lust ohnegleichen –, daß ich schlafe und von gar nichts träume.

Robert Musil

Katzensaison

14. 1. 1940. Vorgestern hat eine Liebessaison der Katzen begonnen. Durch die Lage und die großen Fenster meines Zimmers bin ich sozusagen auf einem Niveau mit ihnen.

Die große, gutmütige Hauskatze. In zwei Milchkaffee-Farben getigert; auch lohfarben und milchschaumig. Ein hübsches Tier, ein wenig fanée, mehrfache Mutter. Man möchte sie als Frau auf Ende Vierzig schätzen. Aber sie erwacht zusehends zu den Listen ihres Geschlechts.

Die schöne Fremde. Klarer Porzellanschmelz der Haarfläche. Zwei Grau; oder Weiß mit braungrauen Decken; oder grünlichbraunen Decken. Ein reizendes kleines Näschen. Eine weiche, nicht mehr mädchenhafte Form; von vollendeter Schönheit läßt sich nicht sagen, da es eine uns schließlich fremde Schönheit ist; eher von schöner Vollendung. Es ist alles einheitlich an ihr und langsam schmiegsam. Ihre Augen sind von leuchtendem Grün. Zu gleichgültig, um strahlend zu sagen. Sie ist ziemlich groß. Ihr Köpfchen ist klein. Ich weiß nicht, wer solche Frauen gemalt hat. Vielleicht Botticelli. Sie wäre Mitte Zwanzig.

Am ersten Tag hat ihr ein kleiner, schmutziger weißer Kater den Hof gemacht. Er ist nicht jung.

Nicht stark, aber durchgearbeitet. Sie trafen sich immer wieder wie durch Zufall. War er fort, suchte sie ihn. Kam er, setzte sie sich ihm absichtslos in den Weg. Er setzte sich in ihre Nähe. Er machte Musik. Er ist ein ritterlicher Sänger. Sie hörte ihm aufmerksam zu; aber so wie eine Dame, die sich nicht anmerken läßt, was sie bewegt. Sie schenkte ihm ihre Huld, d. h. Aufmerksamkeit und den freundschaftlichen Wunsch, seine Gesellschaft zu teilen. Nach dem Gesang, der leidenschaftlich schwermütig ist, stand er auf und entfernte sich etwas, mit steifen Schritten, als ob er von der ausgestandenen Erregung halb gelähmt wäre. Auch sie ging weg, und wie unabsichtlich trafen sie nach einer halben Stunde wieder zusammen.

Sie ist nicht erschreckt oder behindert, wenn man ans Fenster tritt. Sieht auf, und ihr Blick ist freundschaftlich sanft, aber unerreichbar, da er aus einem andern Leben kommt, das mit dem Menschenleben jetzt nichts zu tun hat.

In den Pausen geht sie gelegentlich auch einem Vogel nach.

Er zieht sich, als krümmten ihn Schmerzen, in einen stachligen Busch zurück.

Der zweite Kater ist jung, seine Form ist noch jung tapsig, aber schon jung edel-männlich und kräftig. Er erinnert an ein Rennpferd von vielleicht zwei Jahren (oder sind es 1 1/2? oder 2 1/2? Ich meine die Zeit der ersten noch nicht ganz vollwertigen Rennen). Er ist in Braungrau getigert. Hat kühn bösen Blick und einen Schnurrbart wie ein japanischer Ritter. Er verspricht ein „Halbschwergewicht" zu werden.

17. 1. Wir sind in Zürich, Pension Fortuna. Die *Katzensaison* habe ich nicht mehr bis zu Ende mitgemacht. (Hinter der Glastür gleichsam auf einem Niveau mit ihnen.) Schon am 3. oder 4. Tag ist es etwas ordinär zugegangen. Die alte Schönheit, die gelbe Hauskatze, ist unter dem weißen Kater gelegen. Wie es gekommen ist, weiß ich nicht. Seine Zähne hielten sie ziemlich zart am Genick fest, aber ihre Hinterbeine lagen flach nach hinten ausgestreckt (ausgerissen) hinter ihr in einer völlig ohnmächtigen Stellung, recht weit geöffnet. An den Schenkeln sah man das Haar wie einen „Kaiserbart", und die Scheide war überaus zugänglich. Der Kater streckte sich, um die richtige Stelle zur Deckung zu bringen, war aber anscheinend zu kurz. Das geschah wortlos und musiklos, während sie mit den Hinterbeinen ruderte, um sie wieder unter sich zu bringen. Als es endlich gelang, schüttelte sie den Partner ziemlich mühelos ab und machte ein paar eigenwillige Seitensprünge, während er sich beschämt zurückzog.
Die Herrliche und der schöne Kater wälzten sich bald darauf im Gras, daß die Haare flogen. Anscheinend suchte er sie auf den Rücken zu wälzen, aber sie war zu stark und wehrte sich zu ernstlich.

Sie gingen bös auseinander. Das Weibchen kehrte dann vergeblich wieder.
Am nächsten Tag kam sie an unserer Tür vorbei, mit einem merkwürdigen Ausdruck, als wäre ihr inzwischen zuviel widerfahren. Sie hatte nicht mehr das Märchenhafte, sondern etwas Verstörtes und zugleich Ungewaschenes wie nach einer Eisenbahnfahrt.
Ein großer, sehr bös und männlich aussehender Dreiviertel-Angora-Kater ist in der Nähe zu beobachten.

5. 2. Die schöne *Katze* wiedergesehn. Sie hat sich morgens sehr verregnet, aber ganz ohne Scheu auf die Fußmatte vor meiner Glastür gesetzt. Nicht weit von ihr der ritterliche weiße Kater mit den schwarzen Flecken. Als ich an die Glasscheibe trat, hat sie mich bekannt angesehn und ist sitzen geblieben. Sie hat ein kleineres Gesicht bekommen und sah etwas herabgekommen aus.

Henry de Montherlant

In der Trattoria

Kaum hatten Costals und Solange sich zum Mittagessen an dem Tisch im Gärtchen einer kleinen Trattoria in der näheren Umgebung der Stadt niedergelassen, als eine Katzenschar aus dem Hause herauskam und zu ihnen hintrottete; das geschah in aufgelöster Marschordnung; die eine hatte in der schönsten Bewegung jäh innegehalten, um sich die Pfote zu lecken. Dabei saßen auch noch andere Speisende da; doch ausgerechnet Solange und Costals waren auf der Stelle erspäht worden. Die rote Katze überlegte nicht lange: mit einem Satz sprang sie Solange auf die Knie, dann kletterte sie ihr an der Brust hinauf, ließ sich auf ihrer Schulter nieder, stieß ihr mit dem Mäulchen gegen den Haarknoten, den sie kräftig verschob, reckte tadellos den Schwanz empor – Solange konnte ihn nicht niederdrücken –, um ihr den Hintern zu zeigen, der wie ein kleiner Vollmond war, und hatte im Grunde kein anderes Ziel, als ihr den Besagten unter die Nase zu halten.

Und die jonquillengelbe Katze! Ein krabbenhaftes Hürchen von Katze. Ein Phänomen an Magerkeit und kunstfertiger Zudringlichkeit, die Mitte haltend zwischen Floh, Krabbe und Spinne. Sie stellte sich auf die Hinterpfoten und schmiegte sich in

Costals’ niederhängende Hand. Sie sprang auf den Tisch, um seinem Gesicht näher zu sein. Wenn Costals sich ein paar Schritte entfernte, um die Landschaft anzuschauen, reckte sie sich an der Tischkante auf, mit ausgestreckten, winkenden Vorderpfoten, als wolle sie ihn wieder zu sich holen, und bewies ihm bis zum Überdruß, daß es, abweichend von der mystischen Liebe, der Katzenliebe nicht gelingt, sich aufzuschwingen, denn sonst wäre sie längst in die Lüfte geflogen, um sich an seinen Backen reiben zu können. Und all das geschah mit einem so überlauten Schnurren, daß Costals darob der Hals weh tat. Aber jedesmal, wenn in dem Gasthaus ein Geräusch laut wurde, wandte das Tierchen den Kopf, und das Schnurren hörte auf. „Also auch die Tiere!“ dachte Costals. „Es genügt, daß ihnen der ‚heimische Herd‘ einfällt: im selben Augenblick ist es mit ihrem Glück aus.“ (Nebenbei bemerkt: Die Begabung der Katze, sich auf die Hinterbeine zu stellen wie eine Ziege, ist etwas Erstaunliches. Daß sie das tut, wenn sie gerufen oder gestreichelt wird, mag noch hingehen, aber sich zehn Meter von einem Menschen entfernt aufzurichten wie eine Zirkuskatze, nur weil sie ihn aus den Augen verloren hatte und jetzt wiedererblickt: welch eine Sensibilität, mit einem niedlichen Anhauch von Hysterie!)
Als die rote Katze den Kopf in Solanges Hals steckte, merkte Costals, daß sie ein leiser Schauer überrieselte. Sie sagte, sie dufte nach Vanille, wie

die Katzen, wenn sie jung, gesund und gut geputzt sind. Und ihr Sinn für Katzen bekundete sich in der Unterhaltung, die sie mit dem Tier führte. Bei jedem Satz, den sie ihm sagte, miaute es. Wenn sie verstummte und dann von neuem zu sprechen anfing, antwortete es ebenfalls von neuem. Was wäre das anderes gewesen, wenn nicht ein Wort?

„So habe ich mich stets mit den Tieren gestanden: ich war für sie eine große Schwester. Als Kind habe ich keinen Unterschied zwischen ihnen und den Menschen gemacht. Zu meinem Bruder habe ich immer gesagt: ‚Wenn du so gegen das Aquarium klopfst, bringst du die Fische zum Weinen.' Ich habe behauptet, das Pferd könne sein Gesicht nicht leiden, und deshalb trübe es mit dem Huf das Wasser, das es trinken wolle, damit es nicht sein Spiegelbild sehe. In Toulon, wo wir einmal eine Zeitlang eine Villa gehabt haben, brachten die Schirokko-Tage mich in den gleichen wie mit Elektrizität geladenen Zustand, in den sie die Tiere versetzen, die dann immer ein bißchen verrückt werden. Ich mußte dann stets laufen, ich forderte Gaston auf, mit mir um die Wette zu laufen ..."

„Mir ist schon seit langem das Tierhafte an Ihnen aufgefallen, und zwar durch die Art, wie Sie in die Flamme starren, wenn uns eine *Omelette au Rhum* zubereitet wird, oder durch die Art, wie Sie daheim mit Ihren Katzen sprechen, deren Namen, nebenbei gesagt, ich noch immer nicht weiß ..."

„Sie haben keine Namen ...“
„Keine Namen? Aber wie rufen Sie sie dann?“
„Ich rufe sie gar nicht. Sie kommen, wann sie gerade wollen.“
Ein sublimer Ausspruch, dachte Costals. Darin beruht das Unterpfand meiner künftigen Freiheit, falls ich sie heirate, was durchaus möglich ist. Und am schwierigsten bei den Leuten, selbst bei unsern Freunden, ist es, durchzusetzen, daß sie uns unsere Freiheit lassen. Ich „werde kommen, wann ich gerade will“.
Als einziger von den vieren bettelte der blaue Kater unverschämt um Fressen; die andern waren sicherlich zum gleichen Zweck herangekommen, aber sie tarnten ihn bewundernswert (und welch eine Zeit kostete es den blauen Kater, herauszubekommen, ob er das mochte, was Costals ihm gab, oder nicht!). Als Costals ihm auf der Fingerspitze ein bißchen Senf hinhielt: dieser enttäuschte Blick, diese Entrüstung, dieser Tadel, und auch diese Anmaßung: Der Herr wußte, wer er war! Der Herr fühlte sich beleidigt! Aber als Costals ihm danach gar eine Orangenschale anbot, da war es zuviel: Der Herr machte spornstreichs, daß er wegkam. Jetzt schmollte er, saß drei Schritte vom Tisch entfernt und schaute nach der andern Seite, wenn man „pss ...“ machte, wie ein Spießbürger, wenn ein Armer an ihn herantritt, und gähnte. Der malvenfarbene Kater jedoch, der auf den Tisch gesprungen war, verschlang Solange mit den Augen, sperrte

dann und wann sein Schnäuzchen auf und schien dabei zu miauen (man hörte es nicht): er sah zugleich wie eine Robbe und wie ein Jungbär aus. Sie sagte:
„Um wieviel rührender ist doch das Schweigen der Tiere als das Geschwätz der Menschen!"
„Ja, aber das menschliche Schweigen ist rührender als die tierische Stummheit. – Entschuldigen Sie: wenn ich von der Intelligenz der Tiere reden höre, geschieht es mir manchmal, daß ich vor allem ob ihrer tierischen Dummheit betroffen bin."
Die jonquillenfarbene Katze hatte den Kopf mit einigem Ungestüm in Costals' halbgeschlossene Hände geschmiegt und ließ ihn für ein paar Augenblicke darin, wie ein Kind, das in die Hände der Mutter weint, oder ein Liebender in die der Geliebten. Und als der nächste Gang gebracht wurde, hatte Costals zuerst nicht den Mut, ihn anzurühren, weil er dadurch die Katze gestört hätte. Glücklicherweise entdeckte die Katze, als sie den Kopf hob, in der Ferne einen kleinen Jungen, der ihr anscheinend noch besser gefiel als Costals, so daß sie ohne weiteres hinuntersprang, hinlief und sich an seinen nackten Waden rieb, was dem Schriftsteller gestattete, sich wieder an sein Mittagessen zu machen. Danach bot der malvenfarbene Kater, der gewartet hatte, bis die Reihe an ihm war, wie jemand am Beichtstuhl wartet, daß er drankommt, seine Nummer dar, die Costals folgendermaßen beschreiben konnte:

Kätzchen gerade mitten in einem Sonnenstrahl, wie eine Tänzerin im Scheinwerfer, alles übrige bleibt im Dunkel.
Kätzchen schüttelt die Pfote.
Kätzchen, ein Ohr hoch, das andere gesenkt, wie ein Schürzenjäger. (Warum gerade ein Schürzenjäger?)
Kätzchen stößt mich mit der Pfote zurück. Aber, aber! Wir sind ja eine Persönlichkeit!
Kätzchen knabbert mit letzter Hingabe an meiner Hemdmanschette.
Kätzchen richtet mit der Pfote sein niedergeklapptes Ohr auf, knickt aber dabei das Ohr nach der andern Seite hin um: Pech. Kätzchen kann es nicht wieder in die richtige Lage bringen und sieht mich mit einer giftigen Miene an.
Kätzchen nuckelt am äußersten Ende des Griffs meiner Gabel.
Usw.
Um die malvenfarbene Katze loszuwerden, legte ihr Costals ein entfaltetes Zeitungsblatt auf den Boden: die Nachgiebigkeit und Trockenheit dieser Zeitung, die leisen Knistergeräusche, die sie vollführte, kitzelten die Nerven der malvenfarbenen Katze auf wundersame Weise. Sobald sie auf dem Hintern saß, spielte sie mit den Vorderpfoten am Zeitungsrand, bis sie das Gleichgewicht verlor, auf den Rücken purzelte, auf diese Weise ihren Popo erblickte, was in ihr eine unwiderstehliche Versuchung erweckte, daran herumzulecken, wodurch

alles übrige nicht mehr in Betracht kam. Danach sitzt sie dann wieder auf der Zeitung, die Spitze ihrer Zunge, die einzuziehen sie vergessen hat, sieht ein wenig hervor, wie ein Schinkeneckchen aus einem Sandwich, und sie weiß es nicht, und selbst wenn sie unter zwanzig Leuten wäre, würde keiner sie darauf aufmerksam machen, wie man es bei einem Herrn täte, der Vogelschmutz auf dem Rock hat. Dabei läßt sie diese vergessene Zungenspitze nicht gerade als intelligent erscheinen. Als die malvenfarbene Katze Miene machte, von der Zeitung wegzugehen und wieder auf den Tisch zu springen, warf Costals ihr einen strengen Blick zu, und die Katze hielt inne, eine Pfote in der Luft. Solange sagte:

„Ihre Art, die Katze zum Innehalten zu bringen, erinnert mich an die, mit der ich mit unserer schwarzen Katze fertig werde. Ich muß Ihnen sagen, daß ich die schwarze nicht recht mag, weil sie stets von allen Leuten im Hause verhätschelt worden ist, vor allem von meinem Vater. Ich brauche sie nur anzusehen, dann verzieht sie das Gesicht, legt die Ohren an, und im nächsten Augenblick ist sie auf und davon, weil sie spürt, daß ich sie nicht mag."

Eine kleine Pause, und dann sagte sie nachdrücklich: „Ich mag sie nun mal nicht!" Mit welcher Leidenschaft! Costals spürte, daß sie ihm eines Tages gefährlich werden könne.

„Ich will Ihnen mal etwas Hübscheres zeigen."

Er fuhr mit der Hand über die malvenfarbene Katze, bis zur Schwanzwurzel, und nahm sie mit dem Hinterteil in die geöffnete Hand. Da verlor die malvenfarbene Katze, die ganz sicher kein Kater war, völlig den Kopf. Aufgereckt und bebend, angespannt bis zum Zerbrechen, in einem wahrhaft erschütternden nervösen Paroxysmus, verstört, kleine Röchellaute von sich gebend, mit Augen wie eine Russin (hellgrün, bis zur letzten Möglichkeit geöffnet), wand sie sich, wurde zu einer Schlangenkatze, bot sich mit allen Körperteilen dar, all ihre Würde (mit der es nie viel auf sich gehabt hatte) war dahin, sie „kam" und „ging" wie ein „leichter" Stier, bedeckte Costals' Fußgelenke mit Haaren, einwandfreie Überführung, die Wonne eines Untersuchungsrichters, kroch ihm über die Schuhe und mahnte ihn, mit einem Wort, durch tausenderlei Zeichen, daß es höchste Zeit war, sie wegzujagen. Auch Costals war ernstlich vom Heiligen Geist heimgesucht worden. Vor der malvenfarbenen Katze hätte er, wie vor einem Blumenstrauß, am liebsten getanzt, sich in den Staub geworfen, mit der Stirn die Erde berührt und beide schließlich aufgefressen: jene letzte Regung entsprach der der Gläubigen, die es drängt, ihren Gott zu verspeisen, der der Liebenden, das Wesen, das sie lieben, zu küssen und zu beißen, worin sich bereits das „vor Liebe Auffressen" andeutet. Er begnügte sich damit, kleine Schreie auszustoßen. Durch Mimetismus war sein Gesicht ein Katergesicht geworden, er hatte den Kindeszustand der Katzen übernommen, ihre vor lauter Unschuld irrsinnigen Augen, und er schnurrte sogar; es war ein so echtes Schnurren, daß Solange, die sich im Lauschen zu ihm hingebeugt hatte, davon ergriffen war. Bald – wie mit dem Plüschkaninchen – mußte er jetzt abbrechen, da er den Augenblick kommen fühlte, wo ihm nichts anderes übrigblieb als sich ins Fleisch zu schneiden und Glasscherben zu zerbeißen.

Als sie, nach rührendem Abschied von der Katzenschar, gingen, sagte er zu ihr:

„Im Provenzalischen heißt ein Mädchen: eine *chatouno.* Fortan nenne ich Sie *Chatonne.*"

Von diesem Mittagessen verblieben in ihm zwei tiefe Spuren; sie waren hinterlassen 1. von Solanges Tierhaftigkeit, die sie ihm sehr viel näherbrachte; 2. von dem seltsamen Blick (eifersüchtig?), den sie ihm zugeworfen, als er gar zu lange die beiden kleinen, warmen Pfoten der jonquillengelben Katze in seiner Hand behalten hatte.

Sarah Kirsch

Trauriger Tag

Ich bin ein Tiger im Regen
Wasser scheitelt mir das Fell
Tropfen tropfen in die Augen

Ich schlurfe langsam, schleudre die Pfoten
Die Friedrichstraße entlang
Und bin im Regen abgebrannt

Ich hau mich durch Autos bei Rot
Geh ins Café um Magenbitter
Freß die Kapelle und schaukle fort

Ich brülle am Alex den Regen scharf
Das Hochhaus wird naß, verliert seinen Gürtel
(Ich knurre: man tut was man kann)

Aber es regnet den siebten Tag
Da bin ich bös bis in die Wimpern

Ich fauche mir die Straße leer
Und setz mich unter ehrliche Möwen

Die sehen alle nach links in die Spree

Und wenn ich gewaltiger Tiger heule
Verstehn sie: ich meine es müßte hier
Noch andere Tiger geben

Alfred Polgar

Idyll

Im Hause sind zwei Kätzchen, drei Wochen alt. Ein schwarzes, ein licht- und dunkelgrau gestreiftes. Mitsammen haben sie in der hohlen Hand Platz. Das schwarze ist pechschwarz, teufelsschwarz, das graue hat weiß passepoilierte Ohren. Wenn man die Kätzchen hochhebt – und wer, der ihrer habhaft werden kann, täte das, mit vielerlei Tönchen des Entzückens, nicht? –, greinen sie in dünnerer Fistelstimme, als sie sonst irgendein Lebewesen hervorzubringen vermöchte. Mancher Besucherin muß man die Katzenkinder rasch wieder wegnehmen, weil sie sonst in Zärtlichkeit zerdrückt würden; es gibt auch kaum eine, die nicht den Wunsch, sie zu zerdrücken, äußern würde. Seit kurzem fangen die herzigen Bestien (selbst das Böse en miniature ist herzig) schon an, sich mit der Umwelt selbständig zu befassen und erste schüchterne Spielbeziehungen aufzunehmen. Sie berühren einander mit zaghaften Pfoten, und in dieser Geste, die gewiß nur vom Annäherungsbedürfnis diktiert ist und von Neugier, läßt sich schon, keimhaft vorgebildet, die Figuration des Prankenhiebs erkennen. Das graue Kätzchen zappelt heftig, wenn man es faßt; das schwarze duldet den zärtlichen Griff nach sehr kurzem, mehr formellem Widerstand. Es ist ein Weibchen. Die Mutter Katze gibt ihren Jungen in zwangloser Folge zu trinken und leckt sie sauber. Zuweilen verschleppt sie eines von den Kindern unter den Diwan oder in die Küche zwischen Herd und Wand; vermutlich eine Art Erziehungsmaßregel oder Strafe („in der Ecke stehen"). Darin erschöpft sich das Familienleben. Im übrigen geht die Mutter Katze ihre eigenen Wege, die zumeist Jagdwege sind. Sie wird im Haus „die Alte" genannt, obschon sie selbst erst vor acht Monaten geboren wurde. Noch nicht einmal ein einziges Mal hat sie das volle Rund der Jahreszeiten durchgelebt, die Institution des Herbstes ist ihr noch fremd – und doch schon: „die Alte"! Das Jagdglück ist ihr hold, kaum ein Tag, an dem sie nicht, stundenlang geduldig auf den günstigen Augenblick wartend, einen Vogel erwischt und abwürgt. Die kleinen Kätzchen sehen dem interessiert zu, lernen Raubtier. Peter, der Schäferhund, zählt dreizehn Jahre, er muß also, obschon noch recht gesund, bald sterben, die Natur wird ihm kaum noch groß prolongieren, sein Kapital an Erdenzeit ist so ziemlich aufgebraucht. Peter scheint das zu wissen und ist bestrebt, solange noch das Lämpchen glüht, ein Maximum an Fraß in sich hineinzukriegen. Die Katzen beschnüffelt er dann und wann, aber nur im Vorübergehen und mehr automatisch als zweckbewußt. Dritte Tierspezies im idyllischen Verein ist ein Menschenkind, doppelt so alt – sechzehn Monate – wie die Katze, die schon Kinder hat und schon mit Lust das Geschäft des Tötens betreibt. Das Menschenkind befindet sich tagsüber in einer Gehschule, einer Art Käfig ohne Decke, in dem es betrunken von Neuheit des Daseins herumtorkelt. Es hat Angst vor den Kätzchen und der Katze, hingegen keine vor Peter, was auf eine naturnähere Beziehung zwischen Mensch und Hund als zwischen Mensch und Katze zu deuten scheint. Inmitten der Menagerie – deren Warmblüterbestand man sich noch durch gelegentlich heranirrende Hühner und eine Salat stechende Köchin Marie komplettiert denken muß – steht ein Streckfauteuil, und auf ihm ruht, einen Teller mit Butterbrot zur Seite, die Hausfrau, liest in der Zeitung, daß gestern (wie alle Tage) an verschiedenen Orten der Welt viele Leute umgebracht wurden, „aber in Spanien, in Spanien tausendunddrei", und unterbricht nur zuweilen ihre Lektüre, um mit einer Klapper aus Galalith dem Bedürfnis des Kindchens nach Zerstreuung und Beachtetwerden zu entsprechen. Das Kind, hört es die Klapper, greift ins Leere. Eine Aktion, die es im Verlauf seines hoffentlich langen Lebens noch oft wiederholen wird und mit gleichem selbstverständlichem Mißerfolg. Es wird schon sehen!

Das war im Sommer. Im frühen Herbst nahm das Idyll eine tragische Wendung. Vorzeichen kündeten sie an. Die Köchin Marie verließ den Dienst, um in ihrem heimatlichen Tal bei der Erntearbeit zu helfen; aber in Wahrheit ging sie, weil sie Lieb' im Leibe hatte und für den Anspruch, der solchen inneren Zustand begleitet, so weit sie auch im Nahen suchte, keine Erfüllung fand. Sie nahm trockenen Abschied von Frau und Kindchen, aber tränenfeuchten von Hund und Katzen. Viele Wund-Spuren trug sie im Gesicht und an den Händen, Narben ihres Bedürfnisses nach Zärtlichkeit, das von den liebkosten Tieren zuweilen ungeduldig abgelehnt worden war. Die Katzen, weicheren Regungen selten unterliegend und durch nichts zu bestechen, ihnen so gar nicht artgemäße Gefühle wie Freundschaft oder Anhänglichkeit auch nur zu markieren, nahmen den Weggang der Köchin in Gleichmut hin. Der Hund heulte bitterlich... und wenige Tage später starb er. Ob aus Kummer über die Trennung von Marie, oder weil ihn das Leben ohne die Überfütterung, die sie ihm hatte zuteil werden lassen, nicht mehr freute, das steht dahin. Kurz darauf ereignete sich das Unglück mit dem schwarzen Kätzchen. Es war ein besonderes Exemplar seiner Gattung, heiteren Gemüts, ein Raubtier nur aus ererbtem Muß, nicht aus Lust am Morden, und wenn es auch schon eifrig Mäuse fing und tötete, es dachte sich (das merkte man) nicht viel dabei, es lief und sprang einfach nach dem, das sich bewegte, nach Mäusen wie nach Wollknäueln, immer war alles nur Spiel, und daß die zartere Konstitution einer Maus solches Spiel um vieles schlechter verträgt als ein Wollknäuel, den der Umstand begünstigt, daß kein organisches Leben in ihm ist, also dafür konnte die Katze nichts. Zum Verhängnis aber wurde Ludmilla, so hieß das possierliche Geschöpf, ihre wunderliche Leidenschaft für Glänzendes, Schimmerndes, Glitzerndes. Ludmilla jagte nach Sonnenflecken, die zwischen den Bäumen zitterten, und stundenlang ging sie, sinnlich erregt, um die gläserne Kugel im Blumenbeet herum, wie sonst Katzen nur um den heißen Brei. Ja, sie strebte zum Licht! Ist dies schon beim vernunftbegabten Menschen ein gefährliches Streben, das sich an ihm rächt, beziehungsweise an ihm gerächt wird ... um wieviel mehr bei solchem jeder geistigen Kontrolle entratendem Wesen, wie ein drei Monate altes Katzenkind es vorstellt. Eines strahlend schönen Herbsttages wurde die Gartenwiese gemäht, die Sense blitzte silbrig, und mit einem Sprung, der, Zeugen behaupten das, etwas Ekstatisches gehabt haben soll, stürzte die Katze in das Funkelnde hinein. Da wurde einmal das Bild vom Tod mit der Sense Wirklichkeit.

Allen, die das schwarze Kätzchen kannten, wird die Nachricht von seinem jähen Hingang ein ehrlich bedauerndes „Ach Gott!“ entlocken. Sein Leben war kurz, aber reich an Spaß und Freude, die es anderen machte. Segen der Anmut ruhte auf seiner Ruhe und seiner Bewegung. Wie es war, war es vollkommen, gab vieles, verlangte nichts. Und in den Gesichtern der Menschen, ihm zugewandt, verdämmerte die Bosheit.

Der Hausfrau nahm das Ereignis jede Lust an weiterem Landaufenthalt. Sie packte ihre acht Sachen und fuhr nach London.

Charles Baudelaire

Die Katze

Komm an mein Herz, mein schönes Katzentier,
Zieh ein der Tatze Krallen,
Gönn einen Blick in deine Augen mir,
Achatgesprenkelt und metallen.

Wenn meine Finger müßig deinen Rücken
Und übers Haupt dir streicheln,
Wenn meine Hand berauscht ist vom Entzücken,
Dem Leib, der sprüht, zu schmeicheln,

Seh ich im Geiste meine Frau. Sie blickt
Gleich dir, mein liebenswertes Tier,
So kalt und tief, als ob sie Spieße zückt,

Ein zarter Hauch umspielt ihr
Fuß und Haupt; bedrohliche Gerüche ziehn
Rings um den braunen Körper hin.

Albert Ehrenstein

Der Selbstmord eines Katers

Seine Eltern habe ich nicht gekannt. Auf unserem Hof ist er nicht aufgewachsen. Es muß ihm aber jedenfalls hundeschlecht gegangen sein, denn für gewöhnlich verlassen Katzen das Haus ihrer Jugend absolut nicht. Der arme schwarze Teufel kam zu mir, rieb sich an meinen Füßen und bat mich inständig um meine Protektion. Daß er zu mir kam, ist ein Wunder. Fremde Kater sind sonst sehr scheu. Er war total verhungert und etwas räudig. Da nahm ich ihn auf. Denn auch ich war räudig. Ich hatte bei der Matura nicht geahnt, daß man zur Füllung von Thermometern außer Weingeist und Quecksilber auch Toluol verwenden kann. Und ich wußte noch eine Menge derartiger Toluole nicht. Nachprüfung. Ich bin allein und zähle die Blätter, die von den Bäumen fallen. Ich lasse das Fenster offen: es wäre mir ein Erlebnis, wenn mich eine Gelse stechen wollte.

Wie gesagt, brachte er ein schwarzes Fell über sich. Beim Gesinde hieß er deswegen Czigan. Ich nannte ihn Kerouen. Thomas Kerouen. Die zwei Namen dürfen nicht befremden. Meine Kater haben immer Vor- und Zunamen. Ich fülle sogar einen Meldezettel für sie aus. In Hochachtung vor den Menschen.

Er war noch jung, etwa ein Jahr alt. Oft spielte er mit einem kleinen, braunen Hund namens Libor. Tagsüber war er im Bureau – auf den Fruchtböden gab es Legionen von Mäusen, die ihn nicht zu Atem kommen ließen. Er blieb bei ausgezeichneter Verköstigung so mager wie zuvor. Man wird fragen, viele Leute wird es interessieren, was Kerouen gegessen hat. Nun, so opulent wie bei hanseatischen Mahlzeiten ging es nicht her. Es galt für ihn die gewöhnliche, auf Milch, Milchbrei, einfache Mehlspeisen, Suppen, Grünzeug, Fleischabfälle, Hühnerknochen beschränkte Katzendiät. Aber wenn er nach erfolgreicher Jagd durchs offene Fenster zu mir aufs Sofa sprang, zu spinnen begann und die dürren, von Staub bedeckten Flanken an mir zu reiben versuchte, dann konnte ich ihm unmöglich ein Stück Zucker verweigern.
Ich hätte nicht so gut zu ihm sein sollen. Das wäre für uns beide besser gewesen. Bei Licht schien er ein alltäglicher Gesell, in der Nacht wirkte er leicht unheimlich. Ich mußte ihn einige Zeit hindurch bei mir im Kabinett übernachten lassen. Er fing die Mäuse weg, gut – doch wenn ich aus schweren Alpträumen erwachte, saß der schwarze Dämon mit den grünglitzernden Augen auf meiner Brust und schnurrte irgendeinen Siegeshymnus. Ich ließ ihn nicht mehr ins Kabinett. Aber damit er nicht glaube, ich gönnte ihm etwa die darin befindlichen Mäuse nicht, stellte ich Fallen auf. Fing sich ein Tierchen, ging ich mit der Falle zum Brunnen,

ersäufte die Maus und wartete mit ihr dem Kater auf. Kerouen hatte sonderbarerweise keine Aversion gegen Mausfallen, es fiel ihm nicht ein, diese Konkurrenz zu zertrümmern, er lebte offenbar in der Idee, das seien in seinen Diensten stehende Vorrichtungen, tributäre Instrumente, die ihm aus irgendwelchen Gründen Nahrung zu liefern hätten. Andererseits brachte er sie mit mir in Konnex, er ließ sich nichts schenken, revanchierte sich regelmäßig: ab und zu, wenn er eine besonders fette Maus erwischt hatte, schleppte er sie zu mir, legte sie vor meinen Füßen nieder und sah mich an. Um ihn nicht zu beleidigen, mußte ich die Maus annehmen.

Wenn es besonders heiß war, pflegte ich nach Tisch im Schatten der Mauern auf einer Wiese zu schlafen, die hart am Hinterhause lag. Hie und da besuchte mich Kerouen. Er staunte über die Flugsprünge der Heuschrecken, hüpfte in drolligen Schwüngen hinter ihnen her, und manchmal gelang es ihm sogar, eine zu haschen. Die grätenartigen Beine riß er weg, das übrige behagte ihm. Seine Besuche waren also nicht ganz uneigennützig. Ich fühlte mich dadurch nicht gekränkt, sondern ging noch einen Schritt weiter: ich machte ihn auf die Frösche aufmerksam. Aber er verschmähte selbst die jüngsten, zartesten, behendesten, ließ sie unbehelligt ihren Weg ziehen zu den seligen Sümpfen. Ich machte ihm keinen Vorwurf daraus. Ich bin überzeugt: die Katzen haben dieselbe Abneigung

gegen Froschschenkel, wie wir sie gegen Hundefleisch besitzen.
Ich habe eine aufregende Bekanntschaft gemacht. Sie heißt Miaulina, trägt eine blaue Seidenschleife um den Hals und beschäftigt drei Kater. Kerouen ist einer von ihnen. Miaulina und Kerouen geben sich hie und da auf der Wiese ein Rendezvous. Es ist ihm also gar nicht eingefallen, meinetwegen die Wiese zu besuchen! So ein Schlankel!
Auch wir haben eine neue Wirtschafterin bekommen. Sosehr ich mich gegen aufdringliche Parallelismen sträube: Kerouen und ich scheinen Schicksalsgenossen zu sein. Sie heißt gräßlicherweise Sabine, trägt einen Rosenkranz um den Hals und beschäftigt, soweit ich sehen kann, nur zwei Kater. Ich hätte also das Recht, zu Kerouen „Ätsch!" zu sagen. Wenn ich es unterlasse, liegt das daran, daß der eine Kater für zwei ausgibt. Es erhöht die Freude des Wettbewerbs, so der Konkurrent ein Cousin ist. Kompliziert und gefährlich wird die Sache erst dann, wenn der Betreffende nicht nur Cousin, sondern auch Hauslehrer ist. Ich habe mich ja der neuen Wirtschafterin noch nicht entschieden genähert, es wäre mir aber sehr peinlich, falls mich Robert einmal bei ihr träfe und sagte: „Hugo! Geh lieber Physik lernen." Als ob das nicht die wahre Physik wäre.
Ich sah Radierungen von Rops durch, als Sabine in mein Kabinett trat. Schnell klappte ich die Mappe zu, damit sie mich frage, warum ich die Mappe so

schnell zugeklappt habe. Natürlich fiel sie herein. Ich verweigerte die Auskunft. Sie sagte: „Sie werden mir's schon zeigen, Herr Herrensein!" Ich zweifelte nicht daran.
Robert hat einen größeren Schnurrbart. Er ist auch drei Jahre älter und Kadettoffizierstellvertreter. Zwischen seinem und meinem Kabinett liegt Sabines Schlafzimmer. Sie schläft nicht allein, zu ihren Füßen, auf einem Strohsack, schnarcht das Küchenmädchen. In der Nacht begann der Trampel zu schreien. Ich eilte ins Schlafzimmer, da hörte die Neidische auf, zu brüllen: sie wies auf Sabines Bett – es war leer. „Der Herr Robert hat sie zu sich ins Kabinett getragen!" heulte die Magd.
Auch Kerouen ging es nicht gut. Seinen Geschmack billigte ich nicht, Miaulina war eine Allerweltskatze und zog ihm einen mächtigen, graugestreiften und einen einäugigen Kater vor, der einen lichtbraunen, grobkarierten Anzug trug. Sie lief ihnen schnurrend und spinnend entgegen, warf sich auf dem Rücken hin und her, als wäre ihr Rückgrat gebrochen, bot ihnen werbend den Bauch, wälzte sich wollüstig und schrie abscheulich. Der schmächtige Kerouen siegte nicht immer in den Kämpfen, und dann geschah es oft, daß sich ein fremder Kater im Hinterhofe breitmachte und die ganze Nacht hindurch in der Brunst wie ein Schwein grunzte, wie ein Hund murrte, wie ein Kind klagte. Kerouen hatte das Seinige getan, der faulen Miaulina oft eine Riesenmaus gebracht, aber

Mäuse sind in der Liebe nicht das einzig Ausschlaggebende. Und nach so einer Nacht, die von dem frechen Miauen, von dem unverschämten Gewinsel des graugestreiften Katers erfüllt gewesen, war der besiegte und verschmähte Kerouen immer sehr melancholisch gestimmt: er kam wieder zu mir. Ich wußte, daß unglückliche Liebe vernichtet, und trachtete, ihm nach Kräften zu helfen. Kaum daß die Nacht über die Erde gefallen war, ob nun Regenschauer uns anprusteten oder aus blauhinhallendem Himmel der Mond uns sein kalkweißes Licht ins Gesicht schlug, Kerouen und ich zogen zu Felde, gingen nach dem Hinterhofe. Er lief murrend einige Schritte voraus, ließ mich nicht nahe kommen, ich schlich bewaffnet hinterdrein. Irgendwo im Dunkel ruhte gewöhnlich Miaulina und eilte Kerouen entgegen. Sie hatte für jeden Liebhaber dieselben Formalitäten, das Weitere allerdings mußten die Kater untereinander ausmachen. Im Hinterhalte lagen handliche Jauche- oder Wasserkübel, aber weder durch intelligente Güsse noch durch Steine, welche die armen Kerle mit unbarmherziger Sicherheit von ihren Dächern wegfegten, waren die fremden Konkurrenten auf die Dauer zu verscheuchen. Miaulina besaß irgendwelche, für mich nicht sichtbare Reize: für jeden Kater, der aus seiner Höhe gestürzt mit gebrochenen Rippen ausschied, fanden sich schnellstens zwei Remplaçanten ein. Und gelang es einmal meiner strategischen Umsicht, die ganze Katerherde zu eliminieren, dann war regelmäßig auch Miaulina verschollen. Ihr in Feindesland zu folgen, iniquo loco mit den Nebenbuhlern zu kämpfen, wagte Kerouen nicht recht, er war ja noch klein, erst ein Jahr alt, und bei einer derartigen Gelegenheit hatte einst ein Gourmand, ein alter, weiser Kater untersucht, wie ein Ohr Kerouens schmeckte. Die Leiden des jungen Kerouen konnte ich also auf diese Art nicht lindern. „Käterchen“, sagte ich, „siehst du, mir geht es auch nicht besser. In vierzehn Tagen aber wird Robert zur Waffenübung einrücken, dann werde ich wohl Sabine Rops zeigen können. Übrigens besitze ich große Konnexionen. Jetzt soll die zweijährige Dienstzeit eingeführt werden. Vielleicht läßt es sich unter einem durchführen, daß auch die älteren Kater zur militärischen Dienstleistung einberufen werden. Ich will dem Kriegsminister einen diesbezüglichen Vorschlag unterbreiten.“

Man glaube nicht, ich habe mich etwa aus Selbstlosigkeit Kerouen angeschlossen. Ich lud ihn ein, wieder bei mir im Kabinett zu schlafen, damit ich mir nicht ganz verlassen vorkomme. Er nahm an, und punkt zehn Uhr gingen wir täglich zur Ruhe. Wenn ich die Türe öffnete, gestattete ich ihm immer den Vortritt, denn er war mein Gast. Mäuse ließ ich ihn nicht mehr fangen, dies wäre mir wie Eigennutz und Entwürdigung der Freundschaft erschienen. Übrigens war ja nicht mehr die alte Wirtschafterin da, die streng darauf achtete, daß die

Katzen ihr Futter verdienten. Die Alte hatte sich sehr vor den Mäusen gefürchtet. Als ob so eine Maus sich nichts Besseres wüßte, als ihr zwischen die Beine zu geraten.
Wie gesagt: es paßte mir nicht, daß mein Freund arbeiten sollte wie ein gewöhnlicher Mäusefänger. Da er aber doch Sachverständiger war, ernannte ich ihn zum Inspektor. Um ihn aufzuheitern, schaffte ich neuartige Fallensysteme an und demonstrierte sie ihm. Er sah sehr intelligent zu und schlug en passant die Krallen ins Drahtgeflecht, wie um dessen Stärke zu prüfen. In der Folge brachte er weder mir noch Miaulina Mäuse: er war ja Industrieller.
Im übrigen benahm er sich jedoch keineswegs wie ein Parvenü. Es fiel ihm längst nicht mehr ein, in der Nacht auf meiner Brust zu hocken, sondern er saß bescheiden und manierlich zu meinen Füßen auf der Decke. Er wurde recht zutraulich und lief mir den ganzen Tag nach. In der Wohnung. Denn mir auf die Gasse zu folgen, vermochte ich nicht bei ihm durchzusetzen. Wenn ich ihn gewaltsam hinaustrug, begann er zu kratzen. Ebensowenig wollte er mir im Hofe Gesellschaft leisten. Sein Grundsatz schien: Im Hause diene ich, außer Hause bin ich mein eigener Herr. Nicht etwa, daß er mich ignoriert hätte; es waren Reste von Wildheit, der unbändigen Freiheitsliebe der katzenartigen Raubtiere, die in seinem Benehmen zutage traten. Die spitzfindigsten Versuche, ihn durch Delikatessen außer Haus an mich zu ziehen, nützten

nichts: er verzehrte das Gebotene und war dann nicht mehr für mich zu sprechen, verschwand. In mir aber lag der Wunsch und Trieb, alles zu knechten – ich heiße nicht umsonst Herrensein. Ich wollte ihn nicht brechen, aber ins Unendliche biegen, seine Seele aus ihrem Reiche jagen, sie über alle ihre Grenzen hinaus an mich bringen.

Ich habe meinen besten Freund verraten. Es war nicht der erste Verrat, den ich beging, und ich verriet auch nicht das Gute um des Besseren willen. Feigheit und Eigensucht, die schamvolle Furcht, von dem Freunde besiegt zu werden an Größe der Ergebenheit, mit einem Worte: mein niederes Trachten trieb mich zum Mord. Geschah mir etwas, vergriff sich jemand an mir, wurde mir irgendein geringfügiges Leid getan, schrie ich Zeter und Mordio, erzählte Fremden, Gleichgültigen und Übelwollenden meine Qualen. War aber ich der Herr und hatte die dominierende Position inne, drängte sich da ein liebesdurstiges Herz an mich, sich an mir zu wärmen, und war es selbst ein Herz, um das ich inbrünstig geworben hatte – ich vergaß es nie, ich konnte es nicht verzeihen, daß ich so lange ohnmächtig unten hatte werben, dienen müssen, und beförderte das Herz, das Freundesherz, mein eigenes Herz mit einem Fußtritt auf den Düngerhaufen. –

Durchs Dorf zum nahen Steinbruch zieht täglich ein Klachel, ein berüchtigter Raufbold, mit seinem wilden Riesenroß. Der Brandfuchs heißt „Teufel“.

Der grausame Knecht reizt ihn unaufhörlich, dann wird das Pferd ungebärdig, schlägt aus, beißt, läßt niemanden nahe kommen. Wenn das rote Ungetüm besonders stark tobt, schwingt der Lümmel seine Nagelpeitsche, reißt an dem Stachelzaum, bis der gebändigte Hengst das Bäumen aufgibt, mit blutig aufgerissenem Rücken, blutendem Maule stillsteht. Dann brüllt, lacht, grinst, höhnt der Bauernkerl triumphierend: „Halloh! der Oberteufel bin i!"
Mir stand kein höllisches Pferd, nur ein armer, kleiner, magerer Kater zur Verfügung, nichtdestoweniger könnte ich mit größerer Berechtigung in die Welt schreien: „Halloh! der Oberteufel bin i!" Ich habe mich nicht geschämt, das kleine Tier zuschanden zu reiten. –
Im Nachbarhaus ließ ein junger Slowak seine Schwermut in eine Harmonika strömen. Zu tun gab es nichts. Ich stand mitten im Hofe und lauschte. Erst in drei Tagen sollte Robert einrücken. Mittlerweile war nichts zu machen. Ich dachte daran, auf achtundvierzig Stunden wegzufahren, mir belanglose Dinge anzusehen, den Zusammenfluß zweier Ströme etwa, den Flug der Kiebitze über die Sümpfe hin, vielleicht auch waren einige Wildenten zu schießen. Da kam Sabine auf mich zu. Und gleich darauf, von einer anderen Seite her, hier einer provokanten Gluckhenne, dort mit einem großen Satze einer Kotlacke ausweichend: Kerouen. Es war das erste Mal, daß er mich im Hofe aufsuchte. Mir galt es, nicht der Miaulina, nicht den

Heuschrecken, jetzt galt es mir. Aber es war nicht Liebe. Es war Eifersucht. Etwas Weiches schmiegte sich werbend an meine Füße. Ich stellte nicht vor, ich sagte nicht: „Dies ist Kerouen. Thomas Kerouen. Der Kater meiner Seele, der einzige Kater, der existiert." Ich schämte mich meines Freundes, wollte die Gefühlsweichheit meiner Seele verstecken wie eine geflickte Stelle im Gewande. Ich tat hart und tyrannisch. Und er war zu mir gekommen!

Ein Fußtritt – etwas Schwarzes überschlug sich in der Luft, wirbelte einen Augenblick zappelnd über dem Düngerhaufen und fiel dann auf einen psychisch minderwertigen weißen Hahn nieder, der empört „Kotkotkodutot" schrie. „Halloh! der Oberteufel bin i!"

Der Arbeiter Janku auf dem Fruchtboden droben sah zu und grinste meiner Roheit Beifall. Der Kater, vergeltungsweise auch einmal von Jauche über und über bedeckt, lag ganz still, schrie nicht wie jener Pariahahn, dann verschwand er. Sabine besaß die übertriebene Freundlichkeit, mir mitzuteilen, Robert habe einen längeren Aufschub seiner Waffenübung erwirkt.

Ich verneigte mich und ging – ging in der Richtung, die Kerouen eingeschlagen hatte. Aber er war nicht mehr zu erblicken, hatte sich mit seinem Leid verkrochen. Mein Opfer war vergeblich gewesen, und nun wollte auch er mich nicht sehen. Und ich hätte ihm doch so gern die ganze Sache erklärt!

Diese meine Untat war nicht die erste. Die Kindheit und Jugend von Verbrechern muß Dinge enthalten, die den späteren Befriedigungen irgendwie analog sind. Und sie enthält sie auch. Ich habe schon früher Katzen umgebracht. Als Kind habe ich uralte oder ganz junge Katzen, mit denen ich einige Zeit gut Freund gewesen, plötzlich gepackt und aus der Höhe von Stiegen und Böden in die Tiefe geschleudert, um zu kontrollieren, ob sie auch richtig auf die Füße fallen. Man nenne das nicht kindlich-grausame Experimentiersucht, die früh der Gottheit: dem Lesebuch den Glauben kündigt. Bei Katzen, die im kräftigsten Alter standen, unterließ ich ja derartige Proben, weil ich wußte, sie würden sie bestehen.

Es wäre übrigens ein Irrtum, anzunehmen, ich hätte Kerouen durch jenen Fußtritt getötet. Er erfreute sich auch fernerhin der besten Gesundheit. Ich habe ausdrücklich hervorgehoben, daß Kerouen sich nicht über schlechte oder wenig reichhaltige Kost zu beklagen hatte. Als Knabe liebte ich einst ein schwarzes Hähnchen, es starb – und dies war teilweise meine Schuld – jung und ohne Leibeserben zu hinterlassen. Nichtsdestoweniger dürfte mich jedermann verstehen, wenn ich sage, ich habe Kerouen gewissermaßen mit den Knochen und Überresten dieses Hähnchens gemästet, indem ich ihn oft mit Hühnerbraten traktierte. Jede junge Freundschaft wird von den Resten der alten, in Feindschaft verwandelten ernährt. Zumal wenn sie bereits wieder brüchig zu werden droht. Also lebte Thomas – ich war taktlos genug, jetzt intimer zu werden und Kerouen beim Vornamen zu rufen –, er lebte wie ein Grandseigneur, es ging ihm nichts ab. Kein Kater der Welt dürfte so viele Mausfallen besessen haben wie er. Und gar an dem Tage, wo er zum Kommerzialrat ernannt wurde, ging es hoch her. Aber er wollte nicht mehr, er war meiner und dieser Welt müde.

Denn sonst hätte er nicht tun können, was er mir tat. Kerouen hatte es doch wahrlich nicht nötig, und auch das Verbotene konnte ihn nicht reizen, dazu stand er ethisch zu hoch: er war überfüttert. Ich hatte mich endlich doch entschlossen, hatte gepackt und war weggefahren, mir endlich belanglose Dinge anzusehen, den Zusammenfluß zweier Ströme, den Flug der Kiebitze über die Sümpfe hin – aber bevor ich noch darangehen konnte, kam die Nachricht: „Kerouen schwer erkrankt!"

Was war ihm Wurst und Speck! Es ist nicht denkbar, daß er nach derlei Dingen gegiert hätte. Gut: er hatte dem Arbeiter Janku täglich aus dem abgelegten Rock Frühstückswurst und Mittagsspeck gestibitzt. Aber doch nicht, um diese unsäglich gemeinen Sachen zu verzehren. Vulgär war sein Geschmack nie. Nicht einmal aus Freude am Metier, an diesem männlichsten Metier, brach er ein, nein! er stahl, um dafür halbtot, tot geprügelt zu werden. Er hatte mir noch immer nicht den Fußtritt vergeben. Der Freund hatte ihn verlassen, da verließ er den Freund. Er machte sich meine Abwesenheit zunutze, um sich zu entfernen. Der Arbeiter Janku spielte lediglich die Rolle eines Werkzeugs. Kerouen hatte gehört, wie Janku den Fußtritt beifällig begrinst hatte. Früher hätte Janku sich nicht unterstanden, über Kerouen auch nur despektierlich zu denken. Aber er hatte zugesehen, als ich den Kater mißhandelte – und Kerouen seinerseits hatte ihn dabei gesehen, lief zu dem Arbeiter und stahl ihm die Wurst. Zu anderen Zeiten hätte Janku Schadenersatz verlangt und nicht selbst den Richter gespielt. Nun aber besaß er ein neues Erlebnis, faßte meinen längst zurückgenommenen Fußtritt als Aufforderung und Erlaubnis auf, dem Kater den Rest zu geben. Den komplizierten Windungen unseres Benehmens nachzuirren, war er nicht geschaffen, gehorchte einem Weltgesetz. Wen der Herr tritt, erschlägt der Knecht. Nein, Janku trug nicht Schuld, und dann war er schon dreißig Jahre im Hause, ihn konnte man nicht entlassen. Sicherlich hatte er geglaubt, mir einen Dienst zu leisten. Warum auch, sagte er, war der faule Czigan nicht nach den Mäusen der Welt gelaufen, statt ihm den Speck zu stehlen?

Ein Steinwurf hatte dem armen Kerouen den Kopf zerschmettert, den Leichnam auf ein Stoppelfeld geschleudert. Er lag unweit einer Mauer – wie die Kater, die ich um seinetwillen von den Dächern herabgeholt hatte. An seinem dünnen „Es ist erreicht"-Schnurrbart klebten spärliche Tropfen geronnenen Blutes. Das Rot seines Blutes war ein anderes als das des Ziegels, von dem er sich töten ließ. Die Pfoten hatte er ein für alle Male dezidiert von sich gestreckt, ein Rabe aber bekannte sich zu ihm, flog vom Weingebirg heran auf seinen Leichenschwingen, stieg hernieder, krächzte ruhmredig und verkündete die Annexion. Kerouen sollte also noch jemandem zugute kommen. Möge er, dachte ich, möge ihn der Rabe zu sich nehmen, vielleicht kann er damit wieder einen Propheten in der Wüste speisen. Aber für diesen Zweck stank mein Frevel wohl schon allzusehr zum Himmel, der Rabe erhob sich bald wie rachekrächzend und überließ mich wieder meinem Opfer. In der Selbstmörderecke des Bauernfriedhofes, wo die Wanderer und Zigeuner ruhen, wollte ich ihn nicht beerdigen lassen. Wo sein Grab liegt, darf nur ich wissen. Er hinterließ – wie gewöhnlich – nur wenig und hatte es vorher schon sorgfältig zugescharrt. Soweit ich die Menschheit kenne, wird sie sich darum nicht kümmern.

Der Nachbar hat mich auf Schadenersatz verklagt. Ich habe Miaulina mit einem Flaubertgewehr erschossen. Sie soll nicht triumphierend das Leben genießen, während Kerouen verwesen muß. Der Sabine habe ich gekündigt, nicht ohne ihr vorher Rops gezeigt zu haben. Dies alles war Rache für Thomas Kerouen. Doch was konnten die armen Katzen dafür? Sie ahnten nicht, was sie verbrachen.

Sie konnten nicht anders. Aber ich, ich! Wie kann ich mich züchtigen?
Er hat es eilig gehabt, er hat sich auf und davon gemacht, ohne sich auch nur Zeit zu nehmen, seinen Schnurrbart zu putzen, vom Blute zu reinigen. Aber ich will mich vom Blute reinigen, ich will meine Tat sühnen. Eine Zeitlang hockte wohl des Nachts auf meiner Decke ein schwarzes Gespenst, verwaiste Mausfallen begannen zu rasseln, Kerouen drohte mich zu ersticken, mir die Kehle zu durchbeißen. Ich fahre auf, aber dann ist ja alles wieder verschwunden, und der Schlaf kehrt zurück. Klein, außer allem Verhältnis zur Schuld ist die Strafe, und groß sind die Gewissensbisse. Wenn ich den Kater wenigstens eigenhändig umgebracht hätte! Doch er hat mich umgebracht, ich habe mich unsterblich blamiert. Und ich kann mich nicht rächen: ein armseliges Tier übertraf mich an Seelengröße, vollzog geschickt das Harakiri, und mir ließ es das Leben.
Ich habe mich dem Kommissariat gestellt. „An meinen Händen klebt Blut", sagte ich, „ich habe meinen Kater erschlagen." „Sie waren doch der Herr", behauptete der Polizist, „Sie durften machen, was Sie wollten." Dann fiel es ihn an, ich sei nicht recht bei Trost, und er rief den Beamten. Ich blieb bei meiner Anzeige. „Derart feine Rechtsbegriffe machen Ihnen alle Ehre, Herr Herrensein, aber wohin käme man da." „Das wäre auf dieser Erde nur logisch", erlaubte ich mir einzuwerfen.

Da geriet der Beamte in Rage. „Sie sind reif fürs Irrenhaus.“ Ich brauche also die Nachprüfung nicht zu machen. (Hier ging es ohne Toluol.)
Mir bleibt nichts übrig, als vor Leuten zu warnen, die ein Tagebuch führen. Wenn ihnen ein Freund erschlagen wird, wissen sie, daß das Rot seines Blutes ein anderes ist als das des Ziegelsteins, der ihn entfernte. Ich war niederträchtig genug, diese Geschichte zu schreiben, die Leute werden sie ausgezeichnet finden, man wird nicht den Verkehr mit mir abbrechen, man wird weder mir noch sich ins Gesicht spucken. Alle Menschen sind so wie ich. Ich stelle die Menschheit dem Kommissariate.

Michael Krüger

Die Katze ist tot

Ich fand sie
neben der Mülltonne
steif
nach einem beweglichen Leben.

Seltsam,
sie lag auf dem Bauch
mit ausgestreckten Pfoten.

In dieser Haltung
hatte sie vor mir gelegen
wenn ich ihr vorlesen mußte.

Am liebsten
hörte sie alte Reiseberichte.
Die wahre Geschichte
von Oblomows Weltumseglung
zum Beispiel
kannte sie auswendig.
(Bekanntlich
hatte dieser zaristische Beamte
während der ganzen Fahrt
das Schiff nicht einmal verlassen.)
Das Fremde
zog ihn nicht an,
sagte ich ihr,
wenn sie nachts das Haus noch
verlassen wollte.

Oft
behandelte sie mich
wie ein Kind.

Aber wenn ich mich dann
wie ein Kind benahm
sträubte sich augenblicklich
ihr Fell.

Fehler, Nachlässigkeiten
korrigierte sie
höflich
mit einem Zittern der Schnurrhaare.

Jeder von uns
führte ein Doppelleben,
sie in der Nacht
ich tagsüber,
das wir streng
voreinander verbargen.

Kürzlich erst
gab sie mir zu verstehen
mich in ihr fellwarmes Leben
einzuweihen

als Belobigung
für geduldiges Beobachten.

Nun starb sie
in der Haltung des Zuhörens.

Und ich fühle mich
als das Opfer.

Kurt Tucholsky

Die Katze spielt mit der Maus

Sie stehen alle im Kreis, die Soldaten, und blicken alle auf einen Punkt. Ich trete hinzu.
Die schwarz-weiße Katze hat eine Maus gefangen. Die schwarz-weiße Katze, unser Kompanie-Peter (eine Dame, allerdings), Peter der Erste; ein junges Tier, noch nicht völlig ausgewachsen, aber auch nicht mehr niedlich genug, um in die Hand genommen zu werden. Die Maus ist noch springlebendig – Peter muß sie eben erst gefangen haben. Peter ist tagelang auf dem Kriegsschauplatz herumgelaufen, Peter hat sich eigenmächtig von der Truppe entfernt, also hat sie Hunger, also wird sie die Maus gleich fressen.
Die Katze läßt die Maus laufen. Die Maus flitzt, wie an einer Schnur gezogen, davon – die Katze mit einem genau abgeschätzten Sprung nach. Mit der letzten Spitze der ausgestreckten Pfote hält sie die Maus. Die Maus zappelt. Die Pfote schiebt sich langsam hin und her: die Pfote prüft die Maus. Die Katze liegt dahinter und dirigiert das Ganze. Aber das ist nicht mehr ihre Pfote – das ist ein neues Tier, das nur für den Zweck erschaffen ist, ein wenig, so grausam wenig schneller als die Maus zu sein. Die Pfote hebt sich, die Maus stürzt davon – sie darf stürzen, ja, das ist gradezu vorgesehen. Die Pfote

waltet ihr zu Häupten und schlägt sie im letzten Augenblick nieder. Die Maus quiekt. Jetzt wird das Tempo lebhafter.
Hurr – die Maus läuft, ein weites Stück. Satz. Hat. Und wieder – und wieder. Manchmal sieht die Katze mit ihren grünen, regungslosen Augen erschreckt ins Weite, als habe sie ein böses Gewissen und befürchte, daß jemand kommt. Jemand – wer wollte kommen? Jetzt läuft die Maus langsamer. Wie eine „laufende Maus", die man kaufen kann; sie wackelt etwas, als ob das Uhrwerk da drinnen schon ein bißchen klapprig wäre. Und wieder hat sie die Katze. Diesmal läßt sie sie nicht los. Sie streichelt sie mit der steifen Pfote; die streckt sich wohlig aus und schnurrt. Du meine kleine Gefährtin! Es ist fast, als bedaure sie, daß die dumme Maus nicht auch mitspielt. Sie soll irgend etwas tun, die Maus. Die Katze dehnt sich ... Ich habe sie! ich habe sie! Ach – das ist schön – die Macht, die süße, starke Macht! Ich habe die Oberhand – und sie wird ganz lang vor Behagen, so lang, daß vorn die Kralle abrutscht und Maus entwischt. Es ist nicht mehr viel mit ihr – sie humpelt, fällt auf die Seite, quietscht leise. Wieder hat sie die Katze, aber als sie jetzt losgelassen wird, regt sie sich nicht. Sie ist tot.
Das bringt die Katze außer sich. Wie? Die Maus will nicht mehr? Sie ist nicht mehr lebendig, nicht mehr bei der Sache, kein halb widerwilliges Spielzeug, bei dem der Hauptreiz darin bestand, daß es

sich sträubte? Hopp – dann machen wir sie lebendig! Hopp – der Tod hat mir in mein Spiel nichts hereinzuspielen, das sage ich, die Katze! Und packt die Maus mit den Zähnen, schüttelt sie und wirft sie sich über den Kopf und springt hoch in die Luft und fängt sie wieder auf. Die Katze ist toll. Sie rast, sie tobt mit dem kleinen grauen Bündel herum, das sich nicht mehr bewegt, sie tanzt und wälzt sich über die Maus. Dann gibt es einen kleinen Knack; der Höhepunkt ist überschritten, die Katze beginnt erregt, doch schon gedämpft, zu knabbern. Knochen knistern – die Maus wird im Querschnitt dunkelrot – – –.

Aber das ist keine Allegorie. Eine Allegorie ist ein Sinnbild, eine rednerische Form des Vergleichs, ein, wie es heißt, veraltetes Hilfsmittel. Das aber ist Leben – ist nichts andres als unser menschliches Tun auch. Es ist kein Unterschied: das war eine Katze, und wir sind Menschen – aber es war doch dasselbe.

Die arme Maus! Vielleicht hätte sie fleißig turnen sollen und allerhand Sport treiben – dann wäre das wohl nicht so schlimm für sie abgelaufen. Oder vielleicht haben ihre Vorfahren gesündigt, die auch einmal Katzen waren und sich dann in Nachdenklichkeit und Milde so langsam zur Maus herunter degenerierten. Wer weiß –.

Die Katze ist eine Sadistin. Aber das ist ein dummes Wort; man denkt dann gleich immer an eine rothaarige Zirkusgräfin mit hohen Juchtenstiefeln und an verwelkte Mummelgreise im Frack, die ihr die Füße küssen und blödsinnige Komplimente lallen. Nein, so war das gar nicht; das mit der Zirkusgräfin ist nur der letzte Grenzfall.

Natürlich ist die Katze ein Tier wie andre auch. Und sie ist stärker als die Maus, und das hat sie ausgenutzt weit über die Nahrungsfrage hinaus. Sie hatte die Kraft. Und die Maus litt.

Und dieser Schnitt klafft durch alles, dieser Riß spaltet alles – da gibt es keine Brücke. Immer werden sich die zwei gegenüberstehen: die Katze und die Maus.

Brüder Grimm

Katze und Maus in Gesellschaft

Eine Katze hatte Bekanntschaft mit einer Maus gemacht und ihr so viel von der großen Liebe und Freundschaft vorgesagt, die sie zu ihr trüge, daß die Maus endlich einwilligte, mit ihr zusammen in einem Haus zu wohnen und gemeinschaftliche Wirtschaft zu führen. „Aber für den Winter müssen wir Vorsorge tragen, sonst leiden wir Hunger", sagte die Katze, „du Mäuschen, kannst dich nicht überall hinwagen und gerätst mir am Ende in eine Falle."

Der gute Rat wurde also befolgt und ein Töpfchen mit Fett angekauft. Sie wußten aber nicht, wo sie es hinstellen sollten; endlich nach langer Überlegung sprach die Katze: „Ich weiß keinen Ort, wo es besser aufgehoben wäre als die Kirche, da getraut sich niemand etwas wegzunehmen: Wir stellen es unter den Altar und rühren es nicht eher an, als bis wir es nötig haben."

Das Töpfchen wurde also in Sicherheit gebracht, aber es dauerte nicht lange, so trug die Katze Gelüsten danach und sprach zur Maus: „Was ich dir sagen wollte, Mäuschen, ich bin von meiner Base zu Gevatter gebeten: sie hat ein Söhnchen zur Welt gebracht, weiß mit braunen Flecken, das soll ich über die Taufe halten. Laß mich heute ausgehen, und besorge du das Haus allein."

„Ja, ja“, antwortete die Maus, „geh in Gottes Namen, wenn du was Gutes ißt, so denk an mich: Von dem süßen roten Kindbettwein tränk ich auch gerne ein Tröpfchen.“
Es war aber alles nicht wahr, die Katze hatte keine Base und war nicht zu Gevatter gebeten. Sie ging geradewegs zu der Kirche, schlich zu dem Fettöpfchen, fing an zu lecken und leckte die fette Haut ab. Dann machte sie einen Spaziergang auf den Dächern der Stadt, besah sich die Gelegenheit, streckte sich hernach in der Sonne aus und wischte sich den Bart, sooft sie an das Fettöpfchen dachte. Erst als es Abend war, kam sie wieder nach Haus.
„Nun, da bist du ja wieder“, sagte die Maus, „du hast gewiß einen lustigen Tag gehabt.“
„Es ging wohl an“, antwortete die Katze. „Was hat denn das Kind für einen Namen bekommen?“ fragte die Maus. „Hautab“, sagte die Katze ganz trocken. „Hautab“, rief die Maus, „das ist ja ein wunderlicher und seltsamer Name, ist der in eurer Familie gebräuchlich?“
„Was ist da weiter“, sagte die Katze, „er ist nicht schlechter als Bröseldieb, wie deine Paten heißen.“
Nicht lange danach überkam die Katze wieder ein Gelüsten. Sie sprach zur Maus: „Du mußt mir den Gefallen tun und nochmals das Hauswesen allein besorgen, ich bin zum zweitenmal zu Gevatter gebeten, und da das Kind einen weißen Ring um den Hals hat, so kann ich's nicht absagen.“ Die gute Maus willigte ein, die Katze aber schlich hin-

ter der Stadtmauer zu der Kirche und fraß den Fettopf halb aus. „Es schmeckt nichts besser", sagte sie, „als was man selber ißt", und war mit ihrem Tagewerk ganz zufrieden.
Als sie heimkam, fragte die Maus: „Wie ist denn dieses Kind getauft worden?"
„Halbaus", antwortete die Katze. „Halbaus! Was du sagst! Den Namen habe ich mein Lebtag noch nicht gehört, ich wette, der steht nicht in dem Kalender."
Der Katze wässerte das Maul bald wieder nach dem Leckerwerk. „Aller guten Dinge sind drei", sprach sie zu der Maus, „da soll ich wieder Gevatter stehen, das Kind ist ganz schwarz und hat bloß weiße Pfoten, sonst kein weißes Haar am ganzen Leib, das trifft sich alle paar Jahr nur einmal: du lässest mich doch ausgehen?"
„Hautab! Halbaus!" antwortete die Maus. „Es sind so kuriose Namen, die machen mich so nachdenklich."
„Da sitzest du daheim in deinem dunkelgrauen Flausrock und deinem langen Haarzopf", sprach die Katze, „und fängst Grillen: das kommt davon, wenn man bei Tage nicht ausgeht."
Die Maus räumte während der Abwesenheit der Katze auf und brachte das Haus in Ordnung, die naschhafte Katze aber fraß den Fettopf rein aus. „Wenn erst alles aufgezehrt ist, so hat man Ruhe", sagte sie zu sich selbst und kam satt und dick erst in der Nacht nach Haus. Die Maus fragte gleich nach

dem Namen, den das dritte Kind bekommen hätte. „Er wird dir wohl auch nicht gefallen“, sagte die Katze, „er heißt Ganzaus.“

„Ganzaus“, rief die Maus, „das ist der allerbedenklichste Name, gedruckt ist er mir noch nicht vorgekommen. Ganzaus! Was soll das bedeuten?“ Sie schüttelte den Kopf, rollte sich zusammen und legte sich schlafen.

Von nun an wollte niemand mehr die Katze zu Gevatter bitten, als aber der Winter herangekommen und draußen nichts mehr zu finden war, gedachte die Maus ihres Vorrats und sprach: „Komm, Katze,wir wollen zu unserm Fettopf gehen, den wir uns aufgespart haben, der wird uns schmecken.“

„Jawohl“, antwortete die Katze, „der wird dir schmecken, als wenn du deine feine Zunge zum Fenster hinausstreckst.“

Sie machten sich auf den Weg, und als sie anlangten, stand zwar der Fettopf noch an seinem Platz, er war aber leer. „Ach“, sagte die Maus, „jetzt merke ich, was geschehen ist, jetzt kommt’s an den Tag, du bist mir die wahre Freundin! Aufgefressen hast du alles, wie du zu Gevatter gestanden bist: erst Haut ab, dann halb aus, dann …“

„Willst du schweigen“, rief die Katze, „noch ein Wort, und ich fresse dich auf.“

„Ganz aus“, hatte die arme Maus schon auf der Zunge, kaum war es heraus, so tat die Katze einen Satz nach ihr, packte sie und schluckte sie hinunter. Siehst du, so geht’s in der Welt.

Linda Stift

Die erste Ausnahme

Ich bin mir zu vornehm, um den Menschen zum Mäusefangen und als Streichelkissen zu dienen. Heutzutage muß eine Katze mehr aufweisen können. Ich möchte das Erscheinungsbild der Katzen revolutionieren, weg von diesem faden Kuschelimage. Wir sollten uns wieder wie Raubtiere benehmen, nicht wie dressierte Hunde.
Die gewöhnliche getigerte Hauskatze wird sich mit der Zeit durchsetzen, die Vorsilbe „Haus" wird man bald durch „Wild" oder „Wald" ersetzen müssen, und keiner wird mehr nach den Perser- und Kartäuserkatzenmonstern fragen, dann, wenn die Zeiten der Zimmertiger endgültig vorbei sein werden. Schließlich sind unsere Verwandten die Tiger, Luchse und Ozelots, die uns zu Recht verachten. Doch dann werden sie uns nicht mehr scheel ansehen, sondern in ihre Mitte aufnehmen.
Diesen weiten Weg müssen wir gemeinsam gehen. Keine Katze sollte die Revolution boykottieren. Wir müssen zusammenhalten, auch wenn wir Einzelgänger sind. Die Katze ist die Zukunft, sie liegt in unseren Pfoten, und wir dürfen sie nicht an die Menschen oder Hunde verschleudern. Menschen und Hunde halten zusammen, aber wenn wir uns nicht abschrecken lassen, werden wir immer stärker.

Meine Frau, also die Frau, die glaubt, mich zu besitzen, ist heute mit einer neuen Frisur nach Hause gekommen, blauschwarz gefärbt und seidenweich am Kopf anliegend. Es war der schönste Anblick, seit sie sich damals den schwarzen Catsuit gekauft hat, den sie jetzt nicht mehr trägt. Ich war ganz begeistert und fuhr ihr mit den Pfoten über den schwarzen Helm. Das schien ihr nicht so zu gefallen, denn sie setzte mich grob auf den Boden. Überhaupt scheint sie in letzter Zeit gereizt zu sein, vielleicht hängt das mit ihrem Freund zusammen, der immer seltener kommt. So ein Idiot. Als ob der eine Schönere finden würde! Er hat immer wieder von ihr verlangt, sich anders anzuziehen und zu schminken, was sie zum Glück nie getan hat. Zwar hat sich ihr Stil irgendwie verändert, aber nicht so, wie er sich das vorstellt. Er wünscht sich eine Figur mit Kurven, während sie immer eleganter wird und stromlinienförmiger. Jedenfalls soll mich das alles nicht kümmern, ich habe Wichtigeres zu tun und kann mich nicht auch noch um die Probleme der Frau kümmern. Obwohl ich sie eigentlich gern habe. Das ist auch so ein ungelöstes Problem. Was soll mit ihr passieren, wenn wir die Macht übernommen haben? Ich will ihr nichts Böses antun, anderseits darf der Revolutionär keine Ausnahmen machen. An der ersten Ausnahme scheitert die Revolution, heißt es. Wenn alle revolutionären Katzen um Ausnahmen für ihre Frauen und Männer betteln würden, wäre unsere Sache schon verloren.

Für heute abend habe ich eine Versammlung mit den Nachbarkatzen angesetzt. Die sollen dann ihrerseits Versammlungen mit ihren Nachbarkatzen abhalten, und das soll sich wie ein Buschfeuer fortsetzen, bis alle Katzen der Welt von der bevorstehenden Revolution erfahren. Das kann auch länger als unsere sieben Katzenleben dauern, aber das macht nichts, wir haben genug Zeit, und es wird das Werk der ganzen Katzenheit sein und nicht das einer einzelnen Katze. Später werden auch unsere wilden Verwandten davon erfahren und uns bestimmt unterstützen.
Es läutet an der Tür, das ist sicher der Freund. Er kommt also doch. Sie öffnet die Tür. Erst jetzt sehe ich, was sie aus sich gemacht hat. Geschminkt hat sie sich mit einem dunkelvioletten Lippenstift, giftgrüne Lidschatten hat sie aufgetragen und überlange schwarze Wimpern an die Augen montiert. Weiß der Teufel, wie sie die zustande gebracht hat. Aufgeklebt sind sie jedenfalls nicht. So seltsam hat sie schon lange nicht mehr ausgesehen. Er hält ihr einen cremefarbenen Teerosenstrauß entgegen und eine Flasche Champagner. Was hat er bloß wieder angestellt? Er beugt sich zu mir runter und fächelt mit einer Shebadose vor meiner Nase herum. Prolet! Glaubt der, daß ich sie mit den Zähnen aufmache oder was? Meine Frau nimmt sie ihm aus der Hand und geht in die Küche. Er streichelt mich genau so lange, wie sie sich in seinem Blickfeld befindet, und macht komische Geräusche

dazu. Man merkt sofort, wenn jemand keine Hand für Katzen hat. Er ist ein Hundenarr, das erkennt man am Geruch. Sie kommt zurück mit einem Schüsselchen Sheba. Zum Glück ohne das Petersiliensträußchen aus dieser schrecklichen Werbung. Es weiß doch schließlich jeder, daß man Katzen mit Petersilie jagen kann!
Die beiden gehen ins Wohnzimmer, setzen sich auf das Sofa, trinken den Champagner und essen belgische Butterblätter. Sie sieht wirklich elegant aus, aber er paßt gar nicht zu ihr. Ich verstehe wirklich nicht, warum sie keinen Besseren findet. Er grapscht auf ihrem Knie herum, und ich springe dazwischen. Er macht ein saures Gesicht, muß mich aber streicheln, weil er glaubt, daß meine Frau mich anbetet. Sie ist heute besonders anschmiegsam, ihre Gereiztheit ist wie weggeblasen, und sie kuschelt sich an uns. Ihre Haut ist weich und samtig wie ihre Haare. Ich schnurre, um ihr Wohlbefinden zu steigern und damit sie meine Lieblingsspeisen nicht vergessen. Irgendwann ziehen sie sich ins Schlafzimmer zurück, und ich bleibe auf dem Sofa liegen. Ich döse vor mich hin. Manchmal durchzuckt mich ein Gedanke, als ob ich etwas vergessen hätte, aber mir fällt nicht ein, was das sein könnte. So schlafe ich weiter. Die Geräusche aus dem Schlafzimmer stören mich nicht, im Gegenteil, sie erinnern mich an kleine Katzen. Plötzlich scheinen sich die Geräusche zu verändern, die beiden werden zischender und lau-

ter und fauchen sogar. Das reißt mich endgültig aus dem Schlaf: ein gräßlicher Schrei und dann Stille. Die Tür geht auf. Meine Frau kommt heraus, bekleidet mit dem schwarzen Catsuit. Ein grimmiger Geruch geht von ihr aus, der mich an etwas erinnert. Was ist heute nur los mit ihr, und was hat dieser Schrei zu bedeuten? Sie fährt sich mit der Hand über den Kopf und sagt mit sanfter Stimme:

– Wenn du ins Schlafzimmer gehst, weißt du, was los ist.

Seit wann verstehe ich ihre Sprache? Und warum kennt sie meine Gedanken, habe ich etwa laut gesprochen? Ich bin so verwirrt, daß ich ohne weiter zu fragen ins Schlafzimmer gehe. Dort mache ich eine interessante Entdeckung. Der Freund liegt im Bett mit aufgerissener Kehle, aus der hellrotes Blut sprudelt. Zuerst bin ich bestürzt, dann aber lecke ich das Blut aus dem Loch. Es schmeckt ein bißchen wie das Sheba vorher. Es sprudelt wie eine kleine Quelle beständig aus ihm heraus. Ich weiß nicht, wie lange ich da stehe und kleine Stücke aus der Kehle des Freundes herausreiße, ich weiß auch nicht, wie lange sie schon hinter mir gestanden ist und mir zugesehen hat.

– An der ersten Ausnahme scheitert die Revolution! sagt sie. – Hattest du nicht etwas vor heute abend?

Die Versammlung! schießt es mir durch den Kopf. Ich drehe mich zu ihr. Woher weiß sie … Sie starrt mit grünen Katzenaugen direkt in die meinen. Ihr

Catsuit ist fort, ein glänzendes schwarzes Fell bedeckt ihren Körper und ein Schweif peitscht durch die Luft. Auch ihre Ohren sind pelziger als meine, überhaupt ist sie die schönste Katze, die ich jemals gesehen habe, und riesengroß. Mit angelegten Ohren schleiche ich hinter ihr in die Versammlung.

Ian McEwan

Der Kater

Wenn Peter morgens erwachte, hielt er die Augen immer so lange geschlossen, bis er die Antwort auf zwei einfache Fragen wußte. Sie fielen ihm stets in derselben Reihenfolge ein. Zuerst einmal: Wer bin ich? Stimmt, ich bin Peter, zehneinhalb Jahre alt. Und zweitens, immer noch mit geschlossenen Augen: Welchen Wochentag haben wir? Und da war sie auch schon, eine Tatsache, so fest und unverrückbar wie ein Berg: Dienstag. Wieder ein Schultag. Dann zog er sich die Decke über den Kopf, schmiegte sich tiefer in die eigene Bettwärme und ließ sich von dem freundlichen Dunkel verschlucken. Er konnte sich fast so stellen, als existiere er gar nicht. Aber er wußte, er mußte sich zum Aufstehen zwingen. Die ganze Welt war sich darin einig, daß es Dienstag war. Die Erde selbst, die durch den kalten Weltraum sauste, die sich um sich selbst und um die Sonne drehte, hatte jedermann Dienstag beschert, und es gab nichts, was Peter, seine Eltern oder die Regierung tun konnten, um etwas daran zu ändern. Er mußte aufstehen, oder er würde seinen Bus verpassen, zu spät kommen und Scherereien kriegen.

Wie grausam es war, seinen schläfrigen Körper aus diesem warmen Nest herauszuwühlen, nach seinen

Kleidern zu tasten und zu wissen, daß man in weniger als einer Stunde an der Bushaltestelle bibbern würde! Der Wetterfrosch im Fernsehen hatte gemeint, es sei der kälteste Winter seit fünfzehn Jahren. Kalt ja, aber ohne jedes Vergnügen. Kein Schnee, kein Frost, nicht einmal eine vereiste Pfütze, auf der man schlittern konnte. Nur kalt und grau, mit einem eisigen Wind, der durch einen Sprung in der Fensterscheibe in Peters Schlafzimmer drang. Es gab Zeiten, da hatte man das Gefühl, man hätte sein Lebtag nichts anderes getan und würde nie etwas anderes tun, als aufzuwachen, aufzustehen und in die Schule zu gehen. Daß alle anderen, einschließlich der Erwachsenen, an dunklen Wintermorgen ebenfalls aus den Federn mußten, machte die Sache nicht leichter. Wenn sie sich doch nur darauf einigen würden, es bleibenzulassen, dann könnte er es auch bleibenlassen. Aber die Erde drehte sich wie zuvor, Montag, Dienstag, Mittwoch kamen von neuem, und alle Welt kroch aus den Federn.

Die Küche war eine Art Raststätte auf halbem Wege zwischen seinem Bett und der großen, weiten Welt dort draußen. Hier dampfte der Wasserkessel, und es roch nach verbranntem Toast und Frühstücksspeck. Eigentlich sollte das Frühstück eine Familienmahlzeit sein, aber es geschah nur selten, daß sie sich zu viert an den Tisch setzten. Peters Eltern gingen beide zur Arbeit, und immer gab es jemanden, der in wilder Panik um den Tisch hastete, eine Zeitung, einen Terminkalender oder einen Schuh suchte, und man mußte sich schnappen, was gerade auf dem Herd stand, und selber ein Plätzchen finden.

Es war warm hier drinnen, fast so warm wie im Bett, aber nicht so friedlich. Die Luft starrte von Vorwürfen, die sich als Fragen tarnten:

Wer hat den Kater gefüttert?

Um wieviel Uhr kommst du heute nach Hause?

Hast du deine Schularbeiten gemacht?

Wer hat meine Aktentasche genommen?

Je mehr Zeit verstrich, desto schlimmer wurde das Chaos und die Hektik. Es war eine Familienregel, daß die Küche aufgeräumt werden mußte, bevor man das Haus verließ. Manchmal konnte man seine Scheibe Speck gerade noch aus der Bratpfanne fischen, bevor sie in die Katzenschale geleert wurde und die Pfanne zischend in das Abwaschwasser eingetaucht wurde. Die vier Familienmitglieder rannten mit schmutzigen Tellern und Cornflakes-Packungen hin und zer, stießen zusammen, und immer grummelte einer: Ich komme zu spät. Ich komme zu spät. Schon zum drittenmal diese Woche!

Doch um genau zu sein, war da ein fünftes Mitglied des Haushalts, das keine Eile hatte und sich um das allgemeine Durcheinander keinen Deut scherte. Es lag, die Augen halb geschlossen, ausgestreckt auf einem Bord über dem Heizkörper, und sein einziges Lebenszeichen war ein gelegentliches

Gähnen. Ein ungeheuerliches, ein beleidigendes Gähnen. Das Maul öffnete sich weit und entblößte eine rosa reinliche Zunge, und wenn es sich endlich wieder schloß, durchlief ein behaglicher Schauer den Körper von den Schnurrhaaren bis zum Schwanz: William, der Kater, machte es sich für den Tag bequem.

Wenn Peter nach seinem Ranzen griff und sich noch einmal umblickte, bevor er aus dem Haus stürmte, sah er als letztes immer William. Auf eine Pfote hatte er geruhsam seinen Kopf gebettet, während er die andere über den Rand des Regalbretts baumeln und in der aufsteigenden Wärme baden ließ. Jetzt, wo diese lächerlichen Menschenwesen aus dem Haus gingen, konnte eine Katze sich ein anständiges Nickerchen von ein paar Stunden gönnen. Das Bild des dösenden Katers quälte Peter, wenn er in die eisige Bö des Nordwinds hinaustrat.

Falls ihr meint, es sei merkwürdig, einen Kater als richtiges Mitglied einer Familie zu werten, so müßt ihr wissen, daß William älter war als Peter und Tina zusammengenommen. Als junges Kätzchen hatte er ihre Mutter schon gekannt, als die noch zur Schule ging. Er war mit ihr auf die Universität gegangen und fünf Jahre später bei ihrem Hochzeitsempfang zugegen gewesen. Als Viola Glück ihr erstes Kind erwartete und sich nachmittags zuweilen im Bett ausruhte, pflegte William der Kater sich auf die runde Wölbung zu legen, unter der sich Peter befand. Bei Peters und Tinas Geburt war er tagelang aus dem Haus verschwunden. Niemand wußte, wohin oder weswegen er Reißaus genommen hatte. Alle Leiden und Freuden des Familienlebens hatte er ruhig mitverfolgt. Er hatte zugeschaut, wie aus Säuglingen watschelnde Kleinkinder wurden, die versuchten, ihn an den Ohren herumzuschleifen, und er hatte gesehen, wie sich Kleinkinder in ABC-Schützen verwandelten. Er hatte die Eltern schon gekannt, als sie noch ein wildes junges Paar waren und in einem Zimmer wohnten. Jetzt, in ihrem Haus mit drei Schlafzimmern, trieben sie es nicht mehr so wild. Und William der Kater trieb es auch nicht mehr so wild. Er schleppte keine Mäuse oder Vögel mehr ins Haus, um sie den undankbaren Menschenwesen zu Füßen zu legen. Bald nach seinem vierzehnten Geburtstag gab er das Kämpfen auf, verteidigte nicht mehr stolz sein Revier. Peter fand es unerhört, daß ein Rüpel von einem jungen Kater aus dem Nebenhaus den Garten erobern durfte, nur weil er wußte, daß der alte William nichts dagegen ausrichten konnte. Manchmal schlich sich der junge Kater durch die Katzentür in die Küche ein und verspeiste vor den Augen des hilflos zusehenden William dessen Futter. Noch wenige Jahre zuvor hätte keine vernünftige Katze es gewagt, auch nur eine Pfote auf den Rasen zu setzen.

William mußte über seinen Machtverlust betrübt gewesen sein. Er gab die Gesellschaft anderer Katzen auf und blieb mit seinen Erinnerungen und

Betrachtungen im Haus zurück. Doch trotz seiner siebzehn Jahre achtete er darauf, daß er gewandt und geschmeidig blieb. Er war fast ganz schwarz, mit blendendweißen Socken und weißer Hemdbrust und einem Spritzer Weiß auf der Schwanzspitze. Manchmal machte er ausfindig, wo man saß, sprang einem nach kurzer Überlegung auf den Schoß und stand nun da, mit gespreizten Füßen, und starrte einem, ohne zu blinzeln, tief in die Augen. Dann legte er, ohne einen aus den Augen zu lassen, den Kopf schief und miaute, nur einmal, und man wußte, daß er einem etwas Wichtiges und Gescheites erzählte, etwas, was man nie begreifen würde.

An kalten Winternachmittagen, wenn Peter aus der Schule nach Hause kam, mochte er nichts lieber, als seine Schuhe abzustreifen und sich neben William dem Kater vor den Kamin im Wohnzimmer zu legen. Er bettete sich gern genauso flach wie William und hielt sein Gesicht dicht an das des Katers, um zu sehen, wie außergewöhnlich dieses doch war, wie wunderbar unähnlich allem Menschlichen: schwarze Haarborsten, die aus einem winzigen Gesicht im Rund unter dem Fell hervorsprossen, und die weißen, leicht nach unten gebogenen Barthaare und die Augenbrauen, deren Haare wie Radioantennen in die Höhe ragten, und die blaßgrünen Augen mit ihren senkrechten Schlitzen, wie angelehnte Türen zu einer Welt, die Peter nie betreten konnte. Sobald er sich dicht an

den Kater schmiegte, setzte das tiefe grollende Schnurren ein, so tief und stark, daß der Fußboden vibrierte. Peter wußte, er war willkommen.
Es geschah an einem solchen Nachmittag – zufälligerweise ein Dienstag, vier Uhr, das Licht verdämmerte schon, die Vorhänge waren zugezogen und die Lichter eingeschaltet –, als Peter sich behutsam auf dem Teppich niederließ: Dort lag auch schon William, vor einem hellen Feuer, dessen Flammen an einem dicken Ulmenscheit leckten. Aus der Esse drang das Stöhnen des eisigen Windes, der die Dachfirste peitschte. Peter war, um sich warmzuhalten, mit Tina von der Bushaltestelle aus nach Hause gerannt. Jetzt saß er wohlbehalten im Warmen bei seinem alten Freund, der so tat, als sei er jünger als seine Jahre, indem er sich auf den Rücken rollte und mit den Vorderpfoten hilflos durch die Luft ruderte. Er wollte seine Brust gekitzelt haben. Als Peter anfing, seine Finger durch das Fell gleiten zu lassen, wurde das knurrende Geräusch lauter, so laut, als klappere in dem alten Katzenkörper jeder Knochen. Und dann berührte William mit der Pfote Peters Finger und versuchte, sie höher heranzuschieben. Peter ließ den Kater seine Hand führen.
„Soll ich dich am Kinn kraulen?“ murmelte er. Aber nein. Der Kater wollte an der weichen Vertiefung unter seiner Kehle gekitzelt werden. Da fühlte Peter etwas Hartes. Wenn er es berührte, gab es seitlich nach. Etwas hatte sich in dem Pelz ver-

fangen. Peter stützte sich auf den Ellbogen, um nachzuforschen. Er zerteilte das Fell. Zuerst glaubte er ein Stück Schmuck zu erkennen, einen kleinen silbernen Anhänger. Aber da war keine Kette, und wie er so stocherte und starrte, sah er, daß das Etwas gar nicht aus Metall war, sondern ein glattes Knöchelchen, oval und in der Mitte abgeflacht. Am merkwürdigsten war, daß es an der Haut von William dem Kater befestigt war. Das Knöchelchen paßte gut zwischen seinen Zeigefinger und seinen Daumen. Er faßte zu und zerrte daran. Williams Schnurren wurde noch lauter. Peter zog von neuem, nach unten, und diesmal spürte er, wie etwas nachgab.

Als er durch das Fell nach unten blickte und es mit den Fingerspitzen auseinandertrennte, sah er, daß er einen schmalen Schlitz in der Katzenhaut geöffnet hatte. Es war, als hielte er den Schieber eines Reißverschlusses in der Hand. Er zog erneut, und jetzt tat sich eine fünf Zentimeter lange dunkle Öffnung auf. Williams Schnurren kam von dort drinnen. Vielleicht, dachte Peter, sehe ich sein Herz schlagen. Wieder drückte eine Pfote sanft gegen seine Finger. William der Kater wollte, daß er weitermachte.

Und das tat er auch. Er öffnete den Reißverschluß des Katers vom Hals bis zum Schwanz. Peter hätte gerne die Haut beiseite geschoben, um ins Innere zu spähen. Aber er mochte nicht neugierig erscheinen. Eben wollte er Tina herbeirufen, als sich in dem Kater etwas rührte, etwas regte, und aus der Öffnung im Fell schien ein schwacher rosa Schein hervor, der immer heller wurde. Und plötzlich entstieg William dem Kater ein, nun ja, ein Etwas, ein Wesen. Aber Peter war sich nicht sicher, ob es sich wirklich anfassen ließ, denn es schien ganz aus Licht zu sein. Und obwohl es weder Barthaare noch Schwanz aufwies, weder ein Schnurren noch ein Fell, noch vier Beine, schien alles an ihm „Kater" zu besagen. Es war die Quintessenz des Wortes, der innere Kern der Idee. Es war ein leises, geschmeidiges, gekurvtes Etwas aus rosaviolettem Licht und kam aus dem Kater herausgeklettert.

„Du mußt Williams Seele sein", sagte Peter laut. „Oder bist du ein Geist?"

Das Licht gab keinen Laut von sich, aber es verstand ihn. Ohne die Worte auszusprechen, schien es sagen zu wollen, daß es dies beides war und außerdem noch vieles mehr.

Als die Katzenseele sich von William, der weiterhin rücklings auf dem Teppich vor dem Kaminfeuer lag, ganz gelöst hatte, schwebte sie zu Peters Schulter empor, wo sie sich niederließ. Peter fürchtete sich nicht. Er fühlte die Glut der Seele an seiner Wange. Und dann schwebte das Licht hinter seinen Kopf, außer Sichtweite. Er spürte, wie es seinen Nacken berührte und ein warmer Schauer seinen Rücken hinabrieselte. Die Katzenseele ergriff etwas Knorriges oben an seiner Wirbelsäule und zog es den ganzen Rücken hinab nach unten, und als

sein eigener Körper sich auftat, strich die kühle Zimmerluft über seine warmen Innereien.
Es war höchst seltsam, aus dem eigenen Körper herauszuklettern, einfach aus ihm herauszusteigen und ihn auf dem Teppich liegenzulassen wie ein Hemd, das man gerade abgestreift hatte. Peter sah seinen eigenen Glast, Rot und reinstes Weiß. Die beiden Seelen hingen, einander zugewandt, in der Luft. Aber plötzlich wußte Peter, was er tun wollte, was er zu tun hatte. Er flatterte zu William dem Kater und blieb über ihm in der Luft stehen. Dessen Balg stand offen wie eine Tür und sah so einladend, so gastlich aus. Er ließ sich fallen und stieg hinein. Wie angenehm es sich im Fell einer Katze anfühlte! Es war gar nicht schleimig, wie er sich Eingeweide vorgestellt hatte. Es war trocken und warm. Er legte sich auf den Rücken und steckte die Arme in Williams Vorderläufe. Dann zwängte er die Beine in Williams Hinterläufe. Sein Kopf paßte vorzüglich in den Katzenkopf hinein. Als er zu seinem Körper hinüberblickte, sah er gerade noch, wie die Seele von William dem Kater darin verschwand.
Mit den Pfoten konnte Peter seinen Reißverschluß mühelos zuziehen. Er stand auf und tat ein paar Schritte. Was für ein Vergnügen, auf vier weichen, weißen Pfoten zu laufen! Er konnte die Schnurrhaare sehen, die ihm von den Backen abstanden, und spürte, wie sein Schwanz sich hinter ihm kringelte. Sein Schritt war leicht und sein Fell wie der angenehmste seiner alten Wollpullover. Er war

immer froher, eine Katze zu sein, das Herz schwoll ihm in der Brust, und ein kribbelndes Gefühl in den Tiefen seiner Kehle wurde so stark, daß er sich selbst hören konnte. Peter schnurrte vor Behagen. Er war Peter der Kater, und dort drüben stand William der Junge.

Der Junge stand auf und streckte sich. Dann sprang er, ohne ein Wort an den Kater zu seinen Füßen, aus dem Zimmer hinaus.

„Mama“, hörte Peter seinen alten Körper von der Küche her rufen. „Ich habe Hunger. Was gibt’s denn zum Abendessen?“

An diesem Abend war Peter zu unruhig, zu aufgeregt, zu sehr Kater, um zu schlafen. Gegen zehn Uhr schlüpfte er durch die Katzentür ins Freie. Die eisige Nachtluft konnte seinem dicken Pelz nichts anhaben. Lautlos trottete er auf die Gartenmauer zu. Steil ragte sie vor ihm auf, doch ein müheloser, anmutiger Sprung, und schon war er oben und überblickte sein Revier. Wie wundervoll, in dunkle Winkel zu spähen, jedes Lüftchen an seinen Barthaaren zu verspüren und sich unsichtbar zu machen, als um Mitternacht ein Fuchs den Gartenweg heraufgeschlichen kam, um in den Mülleimern herumzustöbern. Er war sich der anderen Katzen um ihn her bewußt, einige aus der Nachbarschaft, andere von weit her, die ihren nächtlichen Geschäften nachgingen und ihre Pfade abschritten. Nach dem Fuchs hatte ein junger getigerter Kater es gewagt, den Garten zu betreten. Peter hatte ihn

mit einem Zischen und einem Schwanzhieb vertrieben. Er hatte innerlich geschnurrt, als der junge Kerl verblüfft aufmaunzte und die Flucht antrat.
Nicht lange danach, als er auf der hohen Mauer patrouillierte, die hinter dem Gewächshaus aufragte, fand er sich Auge in Auge mit einem anderen Kater, einem gefährlicheren Eindringling. Er war vollkommen schwarz, deswegen hatte Peter ihn auch nicht früher entdeckt. Es war der Kater von nebenan, ein kräftig gebauter Kerl, fast zweimal so groß wie er selbst, mit einem feisten Nacken und langen, starken Läufen. Ohne sich lange zu besinnen, machte Peter einen Buckel und stellte die Fellhaare auf, um größer zu erscheinen, als er war.
„Heda, Mieze", zischte er. „Das ist *meine* Mauer, auf der du da stehst."
Der schwarze Kater blickte erstaunt drein. Dann lächelte er. „Soso, früher war das also mal deine Mauer, Opa? Und was gedenkst du jetzt zu tun?"
„Verdufte, oder ich schmeiß dich runter." Peter war überrascht, wie stark er sich fühlte. Das war *seine* Mauer, *sein* Garten, und es war seine Aufgabe, feindliche Kater fernzuhalten.
Der schwarze Kater lächelte wieder kalt. „Hör mal gut zu, Opa. Die Mauer gehört dir schon lange nicht mehr. Ich komme jetzt rüber. Geh mir aus dem Weg, oder ich zieh dir das Fell ab."
Peter wich nicht von der Stelle. „Noch einen Schritt, du wandelnder Flohzirkus, und ich schlinge dir deine Barthaare um den Hals."

Der schwarze Kater stieß ein langgedehntes, verachtungsvoll maunzendes Lachen aus. Aber er tat keinen weiteren Schritt nach vorn. Ringsum traten die Miezen der Nachbarschaft aus dem Dunkel hervor, um zuzuschauen. Peter vernahm ihre Stimmen.
„Ein Kampf?“
„Ein Kampf!“
„Der Alte muß bekloppt sein!“
„Der ist doch mindestens schon siebzehn.“
Der schwarze Kater krümmte seine gewaltige Wirbelsäule und maunzte von neuem, ein entsetzlicher, lauter und lauter werdender Ton!
Peter versuchte seine Stimme ruhig zu halten, aber seine Worte kamen ihm nur als Zischen über die Lippen. „Ohne mich um Erlaubnissss ssssu bitten, nimsssst du hier keine Abkürssssungen.“
Der schwarze Kater blinzelte. Die Muskeln in seinem feisten Nacken spielten, als er ein kreischendes Gelächter ertönen ließ, das zugleich ein Kriegsruf war.
Auf der gegenüberliegenden Mauer durchlief ein aufgeregtes Stöhnen die Menge, die weiter anwuchs.
„Der olle Willi ist ja völlig übergeschnappt.“
„Da hat er sich aber den falschen Kater zum Kämpfen ausgesucht.“
„Hör mal her, du zahnloses altes Schaf“, sagte der schwarze Kater mit einem Zischen, das viel durchdringender klang als Peters. „Hier gebe ich den Ton an. Habe ich recht?“

Der schwarze Kater drehte sich halb zu der Menge um, die zustimmend murmelte. Peter fand, daß sich die zuschauenden Katzen nicht sehr begeistert anhörten.
„Wenn ich dir was raten darf“, fuhr der schwarze Kater fort, „machst du mir Platz. Oder ich streue deine Gedärme auf den Rasen.“
Peter wußte, daß er schon zu weit gegangen war, um jetzt noch einen Rückzieher zu machen. Er fuhr seine Krallen aus, um sich auf der Mauer festeren Halt zu verschaffen. „Du aufgedunsene Ratte! Das ist meine Mauer, hörst du? Und du bist nichts weiter als die schlierige Kacke eines magenkranken Köters!“
Der schwarze Kater schnappte nach Luft. Aus der Menge ertönte ein Kichern. Peter war stets ein so höflicher Junge. Wie herrlich es war, solche Beleidigungen zu fauchen!
„Ich werfe dich den Vögeln zum Frühstück vor“, warnte der schwarze Kater und trat einen Schritt vor. Peter holte tief Luft. Dem alten William zuliebe mußte er siegen. Während er das noch dachte, holte der schwarze Kater mit der Pfote zu einem Schlag ins Gesicht aus. Nun besaß Peter zwar den Körper eines alten Katers, aber das Reaktionsvermögen eines jungen Knaben. Er duckte sich und fühlte, wie die Pfote mit ihren abscheulichen ausgestreckten Krallen an seinen Ohren vorbei pfeifend durch die Luft fuhr. Da sah er, daß der schwarze Kater einen Augenblick lang nur auf drei

Beinen stand. Sogleich sprang er vor und versetzte ihm mit beiden Vorderläufen einen festen Stoß vor die Brust. So etwas tut eine Katze beim Kämpfen nicht, und der Kater, der hier den Ton angeben wollte, wurde völlig überrumpelt. Mit einem erstaunten Aufschrei torkelte er zurück, rutschte von der Mauer ab und stürzte kopfüber durch das Dach des Gewächshauses. Die eisige Nachtluft hallte wider von dem Krachen und Klirren splitternden Glases und dem derberen Gepolter zerspringender Blumentöpfe. Dann herrschte Stille. Die Gemeinde stumm gewordener Miezen spähte von ihrer Mauer herab. Sie hörten eine Bewegung, dann ein Stöhnen. Danach sahen sie, in der Finsternis eben noch zu erkennen, die Umrisse des schwarzen Katers, wie er über den Rasen humpelte. Sie hörten ihn brummen: „Das ist nicht fair. Krallen und Zähne, ja. Aber einfach so zuzustoßen, das ist nicht fair."

„Das nächste Mal", rief Peter zu ihm hinunter, „bittest du gefälligst um Erlaubnis."

Der schwarze Kater antwortete nicht, aber etwas an seiner davonhinkenden Gestalt machte deutlich, daß er verstanden hatte.

Am nächsten Morgen lag Peter auf dem Bord über dem Heizkörper. Auf eine Pfote hatte er behaglich seinen Kopf gebettet, während er die andere locker in der aufsteigenden Wärme baumeln ließ. Um ihn her herrschten Panik und Chaos. Tina konnte ihren Ranzen nicht finden. Der Haferbrei war verbrannt.

Herr Glück war schlechter Laune, weil es keinen Kaffee mehr gab; dabei brauchte er, um seinen Arbeitstag anzutreten, drei Tassen starken Kaffee. In der Küche herrschte heilloses Durcheinander, und das Durcheinander roch nach verbranntem Haferbrei. Und es war schon spät, spät, spät!
Peter ringelte seinen Schwanz um die Hinterläufe und bemühte sich, nicht allzu laut zu schnurren. Auf der anderen Seite des Zimmers befand sich sein alter Körper, in dem William der Kater steckte, und dieser Körper mußte zur Schule gehen. William der Junge sah verwirrt aus. Er hatte seinen Mantel an und war schon auf dem Sprung, aber er hatte erst einen Schuh angezogen. Der andere war nirgends zu finden. „Mama", plärrte er. „Wo ist mein anderer Schuh?" Doch Frau Glück stand in der Diele und stritt sich am Telefon mit irgend jemandem herum.
Peter hatte die Augen halb geschlossen. Nach seinem Sieg war er schrecklich müde. Bald würde die Familie aus dem Haus sein. Es würde Stille einkehren. Wenn sich der Heizkörper abgekühlt hätte, würde er nach oben spazieren und sich das bequemste Bett aussuchen. Wie in guten alten Zeiten würde er sein eigenes wählen.
Der Tag verging genau so, wie er sich erhofft hatte. Er döste, schleckte eine Untertasse Milch, döste von neuem, tat sich an etwas Katzenfutter aus der Dose gütlich, das besser schmeckte, als es roch – beinahe wie richtige Hackfleischsoße, nur ohne

den Kartoffelbrei. Dann döste er von neuem. Unversehens verdüsterte sich draußen der Himmel, und die Kinder kamen aus der Schule heim. Von einem Tag Unterricht und den Balgereien auf dem Pausenhof sah William der Junge erschöpft aus. Jungen-Kater und Kater-Junge lagerten sich nebeneinander vor dem Kaminfeuer im Wohnzimmer. Es muß eigenartig sein, dachte Peter der Kater, sich von einer Hand streicheln zu lassen, die noch am Vortag ihm gehört hatte. Er fragte sich, ob William der Junge mit seinem neuen Schulalltag und der Busfahrerei wohl zufrieden war – damit, daß er eine Schwester, eine Mutter und einen Vater hatte. Aber das Gesicht des Jungen verriet Peter dem Kater nichts. Es war so haar- und bartlos und so rosa, die Augen so rund, daß es unmöglich war herauszufinden, was sie mitteilen wollten.
Später an dem Abend spazierte Peter in Tinas Zimmer. Wie immer unterhielt sie sich mit ihren Puppen. Sie erteilte ihnen Geographieunterricht. Der starre Gesichtsausdruck der Puppen verriet, daß sie sich für die längsten Flüsse der Welt nicht gerade begeisterten. Peter sprang auf Tinas Schoß, und während sie weiterredete, begann sie ihn geistesabwesend zu kraulen. Wenn sie gewußt hätte, daß das Geschöpf in ihrem Schoß ihr Bruder war! Peter rollte sich zusammen und schnurrte. Tina fing an, sämtliche Hauptstädte der Welt aufzuzählen, die ihr einfielen. Es war so herrlich einschläfernd, gerade das Richtige für ihn, um wieder

einzunicken. Seine Augen waren schon geschlossen, als die Tür aufgestoßen wurde und William der Junge hereingestürmt kam.
„He, Peter“, sagte Tina. „Wie wäre es mit Anklopfen?“
Aber ihr Katzen-Bruder beachtete sie nicht. Er durchquerte das Zimmer, packte grob ihre Bruder-Katze und eilte mit ihr davon. Peter ließ sich nur ungern tragen. Für einen Kater seines Alters war das würdelos. Er versuchte sich zu wehren, doch William der Junge verstärkte seine Umklammerung nur noch, als er die Treppe hinuntereilte.
„Scht!“ sagte er. „Wir haben nicht viel Zeit.“
William trug den Kater ins Wohnzimmer und setzte ihn ab.
„Halt still“, wisperte der Junge. „Tu genau, was ich dir sage. Dreh dich auf den Rücken.“
Peter dem Kater blieb keine andere Wahl, denn der Junge preßte ihn mit einer Hand zu Boden und tastete mit der anderen seinen Balg ab. Er fand das Stück blanken Knochens und zog es nach unten. Peter spürte, wie die kühle Luft nach seinem Innern griff. Er trat aus dem Katzenkörper heraus. Der Junge faßte sich hinten an den Hals und zog den eigenen Reißverschluß auf. Da glitt das rosaviolette Licht einer wahrhaftigen Katze aus dem Leib des Jungen. Einen Augenblick standen die beiden Seelen, die der Katze und die des Menschen, über dem Teppich schwebend einander gegenüber. Unter ihnen lagen reglos harrend ihre Körper, wie

Taxis, die darauf warteten, Fahrgäste zu befördern. In der Luft lag ein Bedauern.

Obwohl sich die Katzenseele nicht äußerte, ahnte Peter, was sie sagen wollte. „Ich muß zurück", sagte sie. „Ich muß ein neues Abenteuer bestehen. Danke, daß du mich ein Junge hast sein lassen. Ich habe so viele Dinge gelernt, die mir in Zukunft zustatten kommen werden. Vor allem aber Dank dafür, daß du meine letzte Schlacht für mich geschlagen hast."

Peter wollte etwas sagen, doch da schlüpfte die Katzenseele schon wieder in ihren eigenen Körper zurück.

„Wir haben nicht viel Zeit zu verlieren", schien sie zu sagen, während das rosa-violette Licht sich in das Fell des Katers hineinschmiegte. Peter schwebte zu seinem eigenen Körper und glitt von hinten, am oberen Ansatz des Rückgrats, hinein.

Zuerst fühlte es sich recht sonderbar an. Dieser Körper saß nicht richtig. Als er sich erhob, war er ganz wackelig auf den Beinen. Es war, als hätte er ein Paar Gummistiefel angehabt, die vier Nummern zu groß waren. Vielleicht war sein Körper, seit er ihn zuletzt benutzt hatte, etwas gewachsen. Er hielt es für ratsam, sich einen Augenblick hinzulegen. Als er das tat, wandte sich die Katze, William der Kater, um und verließ mit steifen, bedächtigen Schritten den Raum, ohne sich noch einmal nach ihm umzuschauen.

Wie Peter so dalag und versuchte, sich an seinen alten Körper zu gewöhnen, bemerkte er etwas

Seltsames. Das Feuer leckte immer noch an demselben Ulmenscheit. Er blickte zum Fenster. Der Himmel färbte sich dunkler. Es war noch nicht Abend, es war immer noch Spätnachmittag. An der Zeitung, die neben einem Sessel lag, konnte er sehen, daß es immer noch Dienstag war. Und dann geschah noch etwas Eigenartiges. Seine Schwester Tina kam weinend ins Zimmer gelaufen. Und ihr auf dem Fuß folgten seine Eltern, die beide sehr grimmig dreinblickten.
„Oh, Peter“, rief seine Schwester. „Es ist etwas Furchtbares passiert.“
„William der Kater“, erklärte seine Mutter. „Ich fürchte, er ist …“
„Oh, William!“ Tinas Wimmern übertönte die Worte ihrer Mutter.
„Er ist in die Küche gekommen“, sagte sein Vater, „und dann ist er einfach auf sein Bord über dem Heizkörper geklettert, hat die Augen geschlossen und ist … gestorben.“
„Er hat überhaupt nichts gespürt“, meinte Viola Glück besänftigend.
Tina weinte immer noch. Peter merkte, daß seine Eltern ihn besorgt ansahen und darauf warteten, wie er die Neuigkeit aufnehmen würde. Von allen Familienmitgliedern war er derjenige, der dem Kater am nächsten gestanden hatte.
„Er war siebzehn“, sagte Thomas Glück. „Er hatte ein erfülltes Leben.“
„Ein glückliches Leben“, bestätigte Viola Glück.

Peter stand langsam auf. Zwei Beine schienen nicht ausreichend.
„Ja“, sagte er schließlich. „Er ist zu einem neuen Abenteuer aufgebrochen.“
Anderntags begruben sie William am Ende des Gartens. Peter bastelte aus Stecken ein Kreuz und Tina aus Lorbeerblättern und Zweigen einen Kranz. Obwohl sie alle zu spät zur Schule oder zur Arbeit kommen würden, ging die ganze Familie gemeinsam zur Grabstelle. Die Kinder warfen die letzte Schippe voll Erde auf das Grab. Und in dem Augenblick stieg aus dem Boden eine leuchtende Kugel rosa-violetten Lichts und verharrte in der Luft.
„Seht nur!“ sagte Peter und zeigte darauf.
„Seht was?“
„Da, genau vor euch.“
„Peter, wovon redest du?“
„Er träumt schon wieder.“
Das Licht schwebte höher, bis es sich auf gleicher Höhe mit Peters Kopf befand. Natürlich sprach es nicht. Das wäre ja auch gar nicht möglich gewesen. Aber Peter hörte es trotzdem.
„Leb wohl, Peter“, sprach es und begann vor seinen Augen zu verglimmen. „Leb wohl, und nochmals vielen Dank.“

Herbert Rosendorfer

Die blinde Katze

Es war am vorletzten Werktag des alten Jahres. Prof. Borjahn wollte – aus steuerlichen Gründen – am nächsten Tag, dem letzten Werktag im Jahr, einen namhaften Betrag auf seine verschiedenen Bausparverträge einzahlen, und um eben diesen Betrag kassieren zu können, mußte das Gutachten „T“ bis morgen fertig sein. Prof. Borjahn kassierte – auch aus steuerlichen Gründen – solche Honorare für Gutachten in bar. Die Universitätsverwaltung mußte ja nicht unbedingt Wind von den Dingen bekommen.

Zwischen Weihnachten und Dreikönig ist kein Mensch im Institut, abends schon gar nicht. Prof. Borjahn konnte in Ruhe die Tippfehler des von drei seiner Assistenten gefertigten Gutachtens ausbessern. Alles war still. Der Keller mit den Versuchsanordnungen war weit weg. Die Sekretärin war längst gegangen. Der Professor blinzelte von seinem Manuskript auf und schaute zum Fenster hinaus: kein Stäubchen Schnee. – Hoffentlich ist es in der Schweiz besser. Irgendwann muß sich ja das Chalet in Arosa amortisieren.
„Herr Professor!“

Borjahn riß es herum wie vom Rheumatismus durchfahren. – Hatte da jemand „Herr Professor!" gerufen? Es war niemand da. Borjahn steckte den kleinen Finger erst in das linke, dann in das rechte Ohr und beutelte ihn ein wenig hin und her, rieb sich auch die Augen und schüttelte den Kopf –
„Herr Professor Borjahn!"
‚Die Nerven', dachte Borjahn, ‚die ewige Anspannung – die blöden Studenten, die Fernsehinterviews, die Einkommensteuer, die Bauherrenmodelle, daß meine Frau hinter die Sache mit Susi gekommen ist, der Sohn neigt zu den Grünen – hoffentlich schnappe ich nicht über ...'
„Hier sitze ich, Herr Professor – Sie können mich sehen, ich Sie nicht."
Auf einem Bord über der Heizung saß eine getigerte Katze.
Borjahn sprang auf, der Stuhl fiel hinter ihm um.
„Was machst denn du da?"
Aber er hob – betont ruhig – den Stuhl wieder auf und setzte sich. – Die Nerven, die Anspannung ... man redet schon laut mit einer Katze. Hoffentlich hat das niemand gehört. Zum Glück ist um diese Zeit keiner im Haus.
„Entkommen", sagte die Katze.
„Entkommen", sagte Professor Borjahn tonlos und mit belegter Stimme.
„Ja", sagte die Katze, „entkommen. Weil Sie gefragt haben, wie ich hierherkomme. Mein Versuch war ja abgeschlossen – wenn das Possessivprono-

men in dem Fall erlaubt ist. Aber ein Sträfling sagt ja auch ‚mein Gefängnis' –"
„Versuch war abgeschlossen", sagte Professor Borjahn, immer noch tonlos.
„Na ja – ich bin verbraucht. Aber lebe noch. Also – habe es überlebt. Und sollte *entsorgt* werden. Bin aber dem Hausmeister entkommen; auf dem Weg zur Entsorgung. Die anderen sechzehn nicht. Und da habe ich Ihr Büro gesucht und, wie Sie sehen, gefunden. Obwohl ich keine Augen mehr habe, aber ich habe noch Ohren und eine Nase."
„Woher weißt du –"
„Sie können ruhig *Sie* zu mir sagen", unterbrach ihn die Katze, „ich duze Sie auch nicht."
Der Professor hüpfte auf, keuchte, sprang mit einem Satz um seinen Schreibtisch herum und griff nach der Katze.
Die Katze wischte mit der rechten Vorderpfote, der Professor hatte eine blutige Strieme auf der Stirn, und die Brille war weggeflogen.
„Du Bestie!" schrie Borjahn, „– ich seh' nichts, ohne Brille seh' ich nichts ..." Er tappte herum, auch auf dem Bord in der Nähe der Katze. Die Katze schnarrte ihm noch eins über die Finger.
„Auuuu", schrie Borjahn und steckte die Finger in den Mund, „ich sehe nichts."
„Ich auch nicht", sagte die Katze, „weil mir dein Assistent, Herr Dr. Hammerbichler, die Augen herausgeschnitten hat. Mir und den sechzehn anderen. – Trotzdem weiß ich, wo deine Brille liegt."

„Du hast keine Chance", zischte der Professor.
„Das weiß ich", sagte die Katze, „und ich weiß auch, daß du jetzt gleich auf deine Brille drauftrittst."
Der Professor blieb erschrocken stehen – einen Fuß schon angehoben. „Was willst du?" jammerte Borjahn.
„Ich will erst einmal, daß du dich hinsetzt", sagte die Katze, „in einem gewissen Abstand zu mir."
„Aber dann trete ich womöglich auf meine Brille – und …"
„Einen Schritt!" befahl die Katze, „und Vorsicht – ja – jetzt noch einen Schritt …"
Der Professor gehorchte. Mit dem vierten Schritt stand er wieder an seinem Schreibtischstuhl und setzte sich.
„So", sagte Borjahn, „und?"
„Zweitens sollten Sie nicht *du* zu mir sagen."
„Lächerlich. Ich kann doch eine Katze …"
„Dann kannst du deine Brille vergessen. Und das Gutachten auch. Und die Bausparverträge auch …"
„Gut!" schrie Borjahn. „Was wollen Sie, Fräulein Katze?"
„Sie Trottel", sagte die Katze, „ich bin ein Kater. Aber im übrigen klingt das, was Sie sagen, jetzt schon besser."
„Wo ist meine Brille?"
„Später", sagte der Kater, „erst werden Sie mir ein paar Fragen beantworten."
Borjahn brummte.

„Soll das *ja* heißen?"
Borjahn nickte.
„Ich sehe nicht, ob Sie nicken oder den Kopf schütteln. Ich bin blind. Habe ich Ihnen doch gesagt. Also?"
„Ja", schrie Borjahn.
„Sie brauchen nicht so zu schreien. Katzen sind außerordentlich empfindlich gegen Geschrei. Manchmal hat mich dieses Gedudel von ‚Bayern 3', das Ihr Assistent Dr. Hammerbichler bei seinen Versuchen mit uns zu hören pflegt, fast mehr gequält als die Versuche selber."
„Und welche Fragen, wenn ich also bitten darf?"
„Warum tun Sie das?"
„Wenn ich da nicht vor dem 31. einzahle, muß ich das ganze überschüssige Geld versteuern –"
„Ich meine nicht die Bausparverträge, ich meine Ihre Versuche mit uns."
Prof. Borjahn brummte.
„Wie bitte?" fragte der Kater.
„Darüber bin ich niemandem Rechenschaft schuldig."
„Dann, fürchte ich, werden Sie Ihre Brille nicht mehr finden –"
„Es reicht mir!" schrie Professor Borjahn. „Ich bin keiner Katze Rechenschaft schuldig. Es geht niemanden etwas an, was in meinem Institut geschieht, es ist alles legal – und außerdem … und außerdem – schließlich ist die Medizin … die dem Menschen dient –"

„Wenn Sie weiter so schreien, sehe ich schwarz."
Der Kater schnaubte, vielleicht bedeutete das Lachen. „Sehr gut: sehe ich schwarz. Ich sehe *immer* schwarz."
Professor Borjahn strich – um sich zu beruhigen – mit den flachen Händen über den Schreibtisch. „Bin niemand Rechenschaft schuldig", sagte er dann. „Außerdem –"
„Außerdem?" sagte die Katze.
„Außerdem ist alles legal."
„So", sagte die Katze.
„Ja. Ist legal. Ob es Ihnen paßt oder nicht. Wir haben ein Tierschutzgesetz. Das ist ziemlich streng, soviel ich weiß. Wenn unnötige Quälereien passieren *sollten* – dann wäre doch sofort der Staatsanwalt zur Stelle."
„Wäre sofort zur Stelle?"
„Ja", sagte Professor Borjahn.
„Wenn er es *wüßte*", sagte die Katze.
„Das ist schließlich *seine* Sache –" schrie der Professor. „Ich bin Professor für chirurgische Forschung und nicht Staatsanwalt. Das ist nicht meine Sache. Ich brauche doch nicht auch noch – ich brauch doch nicht doch – ich brauche doch –"
„Es ist ziemlich beschämend für einen Professor, was Sie da zusammenstottern. Außerdem brauchen Sie nicht zu schreien. Habe ich schon gesagt. *Hören* kann ich noch. Im Gegensatz zum Sehen. Und offensichtlich verlieren Sie den Faden, wenn

Sie schreien. Vielleicht macht das ein Rest von schlechtem Gewissen."

„Ich habe kein schlechtes Gewissen. Bei uns werden keine Tierversuche gemacht. Basta."

„Und *ich*?" fragte die Katze leise.

„Außer in Ausnahmefällen. Und dann nur unter Narkose!"

„Mir hat man die Augen ohne Narkose *herausgeschält*."

„Soll ich mich dann vielleicht selber anzeigen?" schrie Professor Borjahn. „Reicht es nicht, was die alle gegen uns hetzen? Du hast ja ohnedies ein ganzes Heer an Freunden. Alle jammern: die armen, armen Tiere … diese ganze aufgebauschte Hetzkampagne, die mich fatal –" Borjahn fing sich wieder, da er ins gewohnte Fahrwasser des Dozierens geriet, „– die mich fatal an jene Zeit erinnert, wo ein Kesseltreiben gegen Juden, Zigeuner und Homosexuelle veranstaltet wurde, die mich fatal an ‚Stürmer'-Zeiten erinnert –"

„Ach", sagte die Katze. „Die verfolgten Wissenschaftler, die sich förmlich in Katakomben verstecken müssen und dennoch nicht aufhören, für die Menschheit segensreich zu wirken. Mir kommen fast die Tränen – besser gesagt: mir kämen sie, wenn ich noch Augen hätte."

„Ich werde dir etwas sagen –"

„*Ihnen*, wenn ich bitten darf."

Der Professor fauchte – der Professor, nicht die Katze – „Ihnen was sagen: Diese ganzen sogenann-

ten Tierschützer – wenn sie krank sind, dann kommen sie auf den Knien angerutscht und wollen behandelt werden, und dann ist es ihnen völlig gleichgültig, daß die Mittel nur durch ... besser gesagt: *Ob* die Mittel mit Tierexperimenten –"
„Ich frage mich", sagte die Katze, „warum Sie dann weiter forschen? Wenn die Menschheit so undankbar ist und Ihre aufopfernden Versuche so schlecht lohnt – warum lassen Sie es dann nicht?"
Der Professor riß die Augen auf. „Was? Wie?"
„Ja. Strafen Sie doch die bösen Tierschützer und lassen Sie es sein, neue Medikamente zu erfinden."
„Es geht nicht um neue Medikamente, es geht um den Fortschritt der Medizin!"
„Der wiederum den blöden, rufmordenden Tierschützern zugute kommt. Sie verlängern deren Leben. Lassen Sie den Fortschritt der Medizin – und die Tierschützer sterben aus."
„Ja – aber ... aber ... ich ... das ...", sagte der Professor.
„Wieso sind Sie sprachlos?"
„Der Gedanke ... ich muß gestehen –" Borjahn lachte gequält, „– ein bestechender Gedanke. Die Blödmänner in ihrem eigenen Saft schmoren lassen. Aber ..."
„... es geht nicht", sagte die Katze.
„Der Fortschritt der Wissenschaft", sagte Borjahn.
„Und außerdem müssen Sie ja auf Ihre Bausparverträge einzahlen."

„Ich bervitte mir – ich merwitte bir – ich bermitte vier –“

„Immer, wenn Sie schreien, kommen Sie ins Stottern“, sagte die Katze. „Darf ich Ihnen deshalb behilflich sein. Sie wollten sagen: Ich verbitte mir die Einmischung in meine finanziellen Angelegenheiten. Wollten Sie sagen.“

„Ja. Und jetzt lehne ich jede weitere Diskussion ab.“

„Sie nehmen mir das Wort aus dem Mund“, sagte die Katze müde, stand auf und machte einen Buckel.

„Wo ist meine Brille?“ schrie Borjahn.

„Neben dem hinteren linken Stuhlbein.“

Professor Borjahn setzte die Brille auf, lief zum Schrank, sperrte ihn auf, nahm seinen Revolver heraus – er führte ihn legitim, denn er hatte einen Waffenschein erhalten, nachdem einmal anonym (wahrscheinlich von einem Tierschützer) angerufen worden war – und schoß. Die Katze fiel vom Fensterbord. Professor Borjahn nahm sie beim Schwanz und trug sie zur Mülltonne im Hof.

Was im übrigen folgte, war eine Katastrophe. Das Gutachten wurde nicht rechtzeitig abgeliefert, weswegen das Honorar nicht rechtzeitig bezahlt wurde. Der Professor mußte es daher versteuern. Seine Frau, der er unter dem Siegel der Verschwiegenheit das alles erzählte, glaubte ihm kein Wort und schrie ihn an: er sei wohl, statt das Gutachten zu korrigieren, bei seiner Susi gewesen. Die Feiertage waren verpatzt. Außerdem fiel immer noch kein Schnee. Professor Borjahn konnte sich nicht einmal beim Skifahren abreagieren.

Am ersten Arbeitstag nach Dreikönig ordnete Borjahn eine neue Versuchsreihe an. Den Katzen, sagte er, brauchten die Stimmbänder nicht durchgeschnitten zu werden. Wenn sie schrien, sagte er, mache das nichts. Er höre es sogar gern. Dr. Hammerbichler nickte. Da *er* aber das Geschrei nicht gern hörte, drehte er „Bayern 3" noch etwas lauter.

Martin Amanshauser

Frische grüne Wiesen

Sie haben mir einen Chip eingebaut. Unter meiner Schädeldecke rieseln elektrische Ströme, ungewöhnlich für eine Hauskatze.
Es ist, als hätte mich jemand durch einen Hieb aus dem Schlaf aufgeschreckt. Die Luft ist kühler als in den Träumen. Sosehr ich dagegen ankämpfe, ich stehe neben meiner Katzennatur. Die Vorstellung von frischen grünen Wiesen ist noch vorhanden, aber sie hat etwas Künstliches.
Der Lichtspot wirft die Schatten der Gitterstäbe auf mein Fell. Die Katze, die ich gewesen bin, spannt ihre Muskeln an. Irgendwas muß schiefgelaufen sein, sonst würde mich diese Klarheit nicht durchfluten, sonst könnte ich nicht behaupten: Sie haben mir einen Chip eingebaut. Das Merkwürdige ist, ich weiß, daß sie es nicht wissen. Zumindest der Schwarze – der Schwarze hat keine Ahnung.
Das Rhesusäffchen gegenüber wird unruhig. Sie haben es mit Psychopharmaka vollgestopft. Es leidet unter fortschreitender Vertrottelung, doch es hat was von einem Medium, sechster Sinn und so – wenn es so gackert wie jetzt, dann ist der Schwarze nicht weit. Jeden Moment muß er auftauchen.
Der Schwarze ahnt nichts vom Chip, er hält mich für ein selbstproduziertes Testergebnis, für eine

einfache Mieze, die von ihm persönlich einer Kopfoperation unterzogen wurde. Und der Rhesus ist für ihn ein einfacher Rhesus.
Gewissensbiß kennt er keinen, seine Meinung ist einleuchtend und aufrichtig, er hat sie mit seiner ruhigen Stimme vor einem Plenum schäumender Tierschützer vertreten und könnte sie jederzeit wiederholen: Für das menschliche Wohl sei es notwendig, daß eine gewisse Anzahl an Ratten, Hunden, Katzen und Affen diversen Grausamkeiten ausgesetzt wird – Veränderungen der Zellstruktur, Medikamente, Krebszellen, Transplantationen. Im Namen von Wissenschaft und Fortschritt, für das Wohl aller, wohlgemerkt aller *Menschen*. Solche wie der Schwarze käuen die goldene Regel des Moral-ABCs wieder: man füge den Tieren in den Testanordnungen keine unnötigen Schmerzen zu. Wird immer eingehalten, solange man sie einhalten will!
Nennen wir es so, der Schwarze hat Grundsätze und kein Verständnis für die Umtriebe der Kosmetikindustrie. Das alte Spiel: die Guten und die Bösen, wobei die Guten immer jene sind, die sich gerade zufällig *wir* nennen. Sein Problem dabei – er ahnt nicht, daß es eines ist –: *mir* sind die menschlichen Grundsätze gleichgültig. Verglichen mit mir in meinem momentanen Zustand ist der Schwarze ein zerbrechliches, von Moral infiziertes Geschöpf. Seine Menschlichkeit trage ich chipbedingt in mir, die frischen grünen Wiesen der Katze ebenfalls,

dazu noch eine raffinierte Systemsteuerung, die mich zur Hyperkatze macht, und, wichtiger, *sie wissen es nicht*.

Wieso sie gerade eine Katze für meinen Geist ausgesucht haben und keine stabilere Hardware? Wegen des hohen Sympathiewerts Haustier? Irgend jemand erwartet etwas von mir, das ist klar. Und ich benötige meine ganze Konzentration, um die Erwartungen zu erspüren. Mein alter Körper ist noch *Katze* gewohnt. Ich biege den geschmeidigen Rücken. Nicht weil es mir ein Bedürfnis ist. Sieht man von der Gewohnheit der Jahrtausende ab, zwingt mich nichts dazu, auf Katze zu machen.

Der ärmste Idiot ist der Rhesus gegenüber. Kein Chip im Gehirn – sieht man sofort. Er stiert mich aus kleinen blauen Augen an. Irgendwo am Beginn der Evolution ist er hängengeblieben. Später haben sie ihn niedergeknüppelt mit Medikamenten.

Ich denke daran, was ich draußen tun werde. Wahrscheinlich werde ich das Abschlecken meines Fells nicht ganz aufgeben. Hygiene ist angenehm, da kann man nichts sagen, sauber und bequem. Das erste Ziel läßt sich klar formulieren: das Gitter überwinden. Draußen wartet etwas auf mich. Nein, keine nette alte Oma, die mir abends meine Schüssel hinstellt, dort wartet etwas Stärkeres, Unorganisches. Natürlich geht eine hervorragende Katze an mir verloren. Doch es gibt genug Katzen. Einige Menschen schleudern sogar die ganz kleinen gegen Wände, weil diese Tätigkeit gerade

zufällig zu ihrem Moral-ABC gehört, zu jenem, das immer eingehalten wird, solange sie es einhalten.
Ich würde keinem raten, mir eine Schüssel hinzustellen. Vor allem nicht dem Schwarzen.
Trotz aller Anstrengung kriege ich nicht heraus, *wer* den Chip implantiert hat. An dieser heiklen Stelle im Gehirn spüre ich die Erinnerung als Kette aus gelöschten Informationen, zu denen der Zugang verweigert wird. Die wichtige Information befindet sich außerhalb des Chips.
Der Schwarze hat nichts mit der Implantierung zu tun, das geht über seinen Horizont. Dort, wo meine momentanen Gedanken das Gebiet der Erinnerung berühren, spüre ich ein flüchtiges Schwirren, wie aus einer fernen Galaxie, und dort sehe ich in die Wirklichkeit hinein, aber leider auch in die dummen Augen des Rhesus.

Am Tag der Operation baute der Schwarze frühmorgens die Geräte auf, ich hob auf stupide Katzenart den Kopf. Ein bißchen geniere ich mich dafür, daß ich bei jedem zweiten Geräusch wie ein Dummkopf dachte, es handle sich a priori um eine Maus.
Ein schwarzer Schatten – der Schwarze – eine Spritze, die mir durch das Fell dringt. Die Stromsäge sägt einen Kranz in meinen Schädel, das Ablösen der Schädeldecke. Nein, keine Schmerzen. Falls es einen Bereich gibt, der die Evolution der

Menschheit illustriert, so sind das die Schmerzmittel – eine Erfolgsstory.

Genau in diesem Moment muß das Schwirren begonnen haben, etwa gleichzeitig mit den Schreckensschreien des Rhesus. Die Hauptbetroffenen, der Schwarze und seine Helferin, eigneten sich nicht als Medium, kein Wunder, wenn sie nichts mitkriegen. Die beiden waren ein paar Sekunden lang außer Gefecht gesetzt worden, und nicht einmal das haben sie bemerkt. Ein kurzer Schwächezustand, ein merkwürdiges Geräusch, ein Zittern der Armaturen.

In diesem Augenblick drang der Chip in mein Gehirn.

In diesem Augenblick setzte mein neues Bewußtsein ein. Doch wie bei einem Blinden, der auf einen Schlag wieder sieht, brauchte es eine gewisse Zeit, bis sich mein Gehirn an die gleißenden Reflexionen des Lichts gewöhnte, die mich wie Wasser aus einem gebrochenen Damm überfluteten.

Der Rest der Operation, man könnte auch sagen, die eigentliche Operation, wurde mit geübten Griffen ausgeführt. Menschen regenerieren sich rasch, sie vergessen schneller als Katzen, ihr Gedächtnis speichert nur oberflächliche Eindrücke ab, auf dem Gebiet der Instinkte sind sie hilflos wie alte Insekten. Doch was das Vergessen betrifft, befinden sie sich auf dem Höhepunkt.

Alle Tätigkeiten nach der Implantation des Chips kommen mir vor wie ein blutiger Aderlaß aus den

Zeiten, als die menschliche Medizin noch dem amoralischen Eigensinn frönte.
Der Schwarze hatte mir irgendeine Drüse extrahiert, vielleicht mein Sattheitszentrum. Vermutlich, damit ich fresse, fresse, fett werde, fresse und zerplatze. Etwa auf diesem Niveau bewegen sich die menschlichen Versuche, wenn sie technischer Art sind und nicht von jener Ausdehnung, oder besser: Aufblähung des Gehirns beherrscht, die sie sich zugute halten – dem instabilen Zustand namens Moral.
Moral kann mir nicht mehr passieren.

Das Gackern des Rhesus wird schrill. Dumpfe Geräusche im Gang. Der Körper des Schwarzen bewegt sich auf ein harmloses Rhesusäffchen mit Depressionen zu – und auf mich. Im Gewand einer harmlosen, halbkaputtoperierten Katze (die Narbe an meiner rasierten Schädeldecke gibt mir eine bemitleidenswerte, aber auch brutale Note) erwartet ihn sein Schicksal.
Die Tür pendelt auf. Der Schwarze tritt in mein Blickfeld, er tritt auch in das Blickfeld des Rhesus, der wie üblich fast einen Orgasmus kriegt, wenn der Trottel auftaucht, Abhängigkeit vom Folterknecht, widerlich anzusehen. Der Schwarze lächelt sein selbstzufriedenes Ja-wen-haben-wir-denn-da-Lächeln. Es würde mich nicht wundern, wenn er irgendeine perverse Sympathie für uns empfände. Die Wunden, die er uns zugefügt hat, untersucht er behutsam, als würde er Windeln wechseln.

Heute verstehe ich seine Worte, die ich früher für willkürlich ausgestoßene Geräusche gehalten hatte.
– Gut geschlafen, Miezekatze?
Miauen wäre jetzt ziemlich mühsam. Jede meiner Bewegungen ist irgendwie unspontan, als wäre ich nicht ganz bei mir selbst. Paradox, denn ich bin mehr bei mir als je zuvor. Ich bin eine Hyperkatze mit einem einzigen Hindernis: die Gitterstäbe.
Normalerweise besteht kein Grund dafür, den Käfig zu öffnen. Das Futter reicht er durch, und wenn er mich streichelt, paßt seine Hand genau in den Zwischenraum. Ich könnte die Hand beißen, aber das würde ihn eher abschrecken.
Ich setze auf Täuschung. Als er die Schale mit dem Futter hineinstellt, breche ich im hinteren Teil des Käfigs zusammen, große Pantomime.
Der Schwarze kratzt sich am Kopf.
– Nanana, schönes Futter, gutes Fressi.
Die Crème de la Crème der Wissenschaft steht vor meinem Käfig und sabbert! Bitter, wie sich ein erwachsener Mensch gehenläßt in Gegenwart eines Haustiers.
– Komm komm komm, fressi fressi.
Es sind definitiv nicht die angemessenen Worte gegenüber Hyperkatze. Der Schwarze hat jede Würde verloren, er grinst durch die Gitterstäbe, halb erwartungsvoll, halb ungeduldig. Er wittert eine Schwäche, und Schwächen sind sein Spezialgebiet.
– Komm mal näher, Mieze!

Ich stoße ein bemitleidenswertes Miauen aus. Vertrau mir, kleiner Schwarzer, und öffne das Gitter.
Er macht es.
Wie Bagger nähern sich seine Hände. Meine Muskeln spannen sich. Ich gebe einen maurischen Todesseufzer von mir. Es kostet Kraft, so lange die Schwache zu spielen.
Als er mich aus dem Käfig zieht, dringt sein Schweißgeruch in meine Nase, etwas bitter, intensiver als sonst. Meine Augen treffen seine. Ob es stimmt, daß Menschen manchmal erschauern, wenn sie in die dunklen Brunnen von Katzenaugen blicken? Der Schwarze gehört nicht zu den empfindsamen Menschen. Er hält mich an seine Brust gedrückt. Die Härchen auf seiner Haut zeigen beinahe in rechtem Winkel nach oben. Irgend etwas hindert mich daran, meine Zähne in sein Fleisch zu schlagen. Nicht, daß ich vorsichtig sein müßte. Meine Kraft reicht, um zehntausend Kerle von seiner Statur kaputtzumachen. Aber dieses Irgendwas übermittelt mir, daß wir seinen Körper brauchen.
Plötzlich weiß ich, wie es geht. Ich muß den Schwarzen *niederhauen.*
Niederhauen klingt ja einfach, aber dafür brauche ich Boden unter den Pfoten, um mich abzustoßen. Jetzt streichelt er mich und stößt dabei Kleinkindgeräusche aus.
– Mieze, fressi?
Er hat mich auf dem OP-Tisch niedergesetzt. Und ich schmeiße ihn um. Wummms liegt der Schwarze

da, obwohl er so ein großer Schwarzer gewesen ist. Damit hat hier keiner gerechnet. Der Rhesus quietscht sich das Herz aus dem Leib. Der Schwarze liegt auf dem Rücken. Mit einem Satz bin ich über ihm und drücke seine Luft ab. Er kriegt kein Wort heraus. *Fressi fressi* – die letzten Worte eines Wissenschaftlers.

Ich brüte seinen Hals zu wie eine Henne ihre Eier. Seine Augen treten aus den Höhlen. Da sehe ich mir lieber die Begeisterung des Rhesus an. *Der Schwarze ist erledigt* – das hat sogar der Rhesus kapiert.

Drei Minuten sind lang, wenn man so viel Pläne hat wie ich. Das Blut pumpt durch meine Katzenadern.

Dann Ruhe.

Gerade will ich aus dem Gefängnis rausspringen. Da kommt ein Befehl. Der Befehl kommt aus diesem Irgendwoher.

Halt!, signalisiert er mir. Ich rücke vom Körper des Schwarzen ab. Die Luft riecht nicht mehr nach Freiheit, sondern nach Chlor. Wenn ich nur die Botschaft entschlüsseln könnte! Ich lege den Kopf auf die Pfoten und konzentriere mich auf das Irgendwoher. Eine dumpfe Müdigkeit durchdringt mich.

Halt!

Die kleinen blauen Augen des Rhesus sind auf mich gerichtet. Sie lächeln mich an.

Öffne den Käfig!

Der Rhesus zeigt mit dem Kinn auf den Schwarzen, und er zeigt auf seinen eigenen Schädel. Das kann ich gar nicht! denke ich. *Doch, du kannst es,* sagt das Irgendwoher. Plötzlich weiß ich, wo es sitzt: mitten im Gehirn des Rhesus.
Ich brauche den Körper des Schwarzen! sagt dieses Irgendwoher in meinen Kopf hinein.
Selbst wenn ich jetzt gehen wollte, nach draußen, in die frischen grünen Wiesen; ich kann gar nicht gehen.

H. P. Lovecraft

Die Katzen von Ulthar

Es heißt, in Ulthar, das jenseits des Flusses Skai liegt, darf niemand eine Katze töten; und wenn ich sie betrachte, die am Feuer sitzt und schnurrt, kann ich das durchaus glauben. Denn die Katze ist kryptisch und vertraut mit seltsamen Dingen, die den Menschen verborgen sind. Sie ist die Seele des alten Aigyptos und Trägerin von Geschichten aus vergessenen Städten in Meroe und Ophir. Sie ist vom Geschlecht der Herren des Dschungels und Erbin der Geheimnisse des ehrwürdigen und sinistren Afrika. Die Sphinx ist ihre Cousine, und sie spricht ihre Sprache; aber sie ist viel älter als die Sphinx und erinnert sich an das, was jene vergessen hat.

In Ulthar lebten, bevor die Bürger das Töten von Katzen überhaupt verboten, ein alter Kätner und dessen Frau, die ihr Vergnügen daran fanden, die Katzen ihrer Nachbarn in Fallen zu fangen und umzubringen. Warum sie dies taten, ich weiß es nicht; außer, daß vielen die Stimme der Katze in der Nacht verhaßt ist und sie es übel aufnehmen, daß die Katzen im Zwielicht verstohlen über Höfe und Gärten huschen. Doch aus welchem Grund auch immer, diesem alten Mann und seiner Frau machte es Spaß, jede Katze zu fangen und umzubringen, die in die Nähe ihrer elenden Hütte kam; und wegen mancher Laute, die nach Einbruch der Dunkelheit erklangen, stellten sich viele Einwohner vor, daß die Art des Umbringens mehr als eigentümlich war. Doch die Leute sprachen mit dem alten Mann und seiner Frau nicht über solche Dinge; das lag an dem habituellen Ausdruck auf den verwelkten Gesichtern der beiden und daran, daß ihre Hütte so klein war und so dunkel verborgen unter den Eichen hinter einem vernachlässigten Hof lag. So sehr wie die Katzenbesitzer diese merkwürdigen Leute haßten, fürchteten sie sie in Wahrheit doch mehr; und anstatt sie als brutale Meuchelmörder anzugehen, besorgten sie nur, daß sich kein umhegter Liebling oder Mäusefänger zu dem abgelegenen Schuppen unter den dunklen Bäumen verirrte. Wenn wegen eines unvermeidlichen Versehens eine Katze vermißt wurde und nach Einbruch der Dunkelheit Laute erklangen, dann lamentierte der Betroffene machtlos; oder tröstete sich damit, dem Schicksal zu danken, daß es sich nicht um eines seiner Kinder handelte, das so verschwunden war. Denn die Leute von Ulthar waren einfältig und wußten nicht, woher alle Katzen ursprünglich kamen.

Eines Tages betrat eine Karawane seltsamer Wanderer aus dem Süden die engen Kopfsteinpflasterstraßen Ulthars. Dunkelhäutige Wanderer waren das und unähnlich dem anderen umherstreifenden Volk, das zweimal jedes Jahr durch die Stadt zog. Auf dem Marktplatz weissagten sie für Silber, und von den Händlern kauften sie glänzende Perlen. Aus welchem Land die Wanderer stammten, vermochte keiner zu sagen; doch zeigte sich, daß sie seltsamen Gebeten zugetan waren, und daß sie auf die Seiten ihrer Wagen merkwürdige Figuren mit menschlichen Körpern und den Köpfen von Katzen, Falken, Widdern und Löwen gemalt hatten. Und der Führer der Karawane trug einen Kopfputz mit zwei Hörnern und einer eigentümlichen Scheibe dazwischen.

Zu dieser sonderbaren Karawane gehörte ein kleiner Junge, der weder Vater noch Mutter hatte, nur ein winziges schwarzes Kätzchen zum Liebhaben. Die Pest war zu ihm nicht freundlich gewesen, hatte ihm jedoch dies kleine bepelzte Wesen zur Linderung seines Kummers gelassen; und wenn man sehr jung ist, kann man in den lebhaften Possen eines schwarzen Kätzchens viel Trost finden. So lächelte der Junge, den die dunkelhäutigen Leute Menes nannten, viel öfter als er weinte, wenn er mit seinem anmutigen Kätzchen spielend auf den Stufen eines wunderlich bemalten Wagens saß.

Am dritten Morgen des Aufenthaltes der Wanderer in Ulthar konnte Menes sein Kätzchen nicht finden; und als er auf dem Marktplatz laut schluchzte, erzählten ihm gewisse Dorfbewohner von dem alten Mann und seiner Frau und von den Lauten in der Nacht. Und als er diese Dinge vernahm, wich sein Schluchzen tiefem Nachdenken und schließlich einem Gebet. Er streckte seine Arme der

Sonne entgegen und betete in einer Sprache, die kein Dorfbewohner verstehen konnte; allerdings bemühten sich die Dorfbewohner auch nicht sehr darum, etwas zu verstehen, denn den größten Teil ihrer Aufmerksamkeit beanspruchten der Himmel und die unheimlichen Formen, die die Wolken annahmen. Es war sehr sonderbar, doch als der kleine Junge seine Bitte hervorbrachte, da schienen sich oben die schattenhaften, nebulösen Figuren von exotischen Wesen zu bilden; von hybriden Geschöpfen, gekrönt mit hornumrahmten Scheiben. Die Natur ist voll solcher Illusionen, die auf die Einbildungskraft wirken.

In dieser Nacht verließen die Wanderer Ulthar und wurden nie wieder gesehen. Und die Familienoberhäupter beunruhigten sich, als sie bemerkten, daß in der ganzen Stadt nicht eine Katze zu finden war. An allen Feuerstellen fehlten die vertrauten Katzen; große Katzen und kleine, schwarze, graue, getigerte, gelbe und weiße. Der alte Kranon, der Bürgermeister, schwor, daß die dunkelhäutigen Leute die Katzen mit sich fortgenommen hätten, aus Rache, weil Menes' Kätzchen umgebracht worden war; und er verfluchte die Karawane und den kleinen Jungen. Aber Nith, der dürre Notar, erklärte, der alte Kätner und seine Frau wären hierfür weitaus verdächtigere Personen; denn ihr Katzenhaß sei notorisch und würde zunehmend dreister. Indes, keiner wagte es, gegen das finstere Paar Klage zu führen; selbst dann nicht, als der kleine

Atal, der Sohn des Schankwirts, beteuerte, er habe im Zwielicht alle Katzen von Ulthar auf jenem verfluchten Hof unter den Bäumen gesehen, wie sie ganz langsam und feierlich einen Kreis um die Hütte beschrieben, zwei und zwei nebeneinander, als vollführten sie irgendein unerhörtes tierisches Ritual. Die Dorfbewohner wußten nicht, wieviel sie einem so kleinen Jungen glauben sollten; und obwohl sie befürchteten, daß das böse Paar den Katzen den Tod angehext hatte, zogen sie es doch vor, den alten Kätner erst dann zu schmähen, wenn sie ihn außerhalb seines dunklen und abstoßenden Hofes träfen.

So legte sich Ulthar in unnützer Angst schlafen; und als die Leute im Morgengrauen erwachten – siehe da: jede Katze war wieder an ihren gewohnten Herd zurückgekehrt! Große und kleine, schwarze, graue, getigerte, gelbe und weiße, nicht eine fehlte. Sehr geschmeidig und fett schienen die Katzen, und sie schnurrten vernehmlich vor Wohlbehagen. Die Bürger besprachen die Angelegenheit untereinander und verwunderten sich nicht wenig. Der alte Kranon beharrte wieder darauf, es sei das dunkelhäutige Volk gewesen, das sie fortgeführt habe, denn von der Hütte des alten Mannes und seiner Frau würden keine Katzen lebendig zurückkommen. Doch alle stimmten sie in einem Punkt überein: nämlich, daß die Weigerung aller Katzen, ihre Fleischportionen zu verzehren oder ihre Milchschüsselchen zu schlabbern, höchst sonderbar sei.

Und zwei volle Tage lang wollten die geschmeidigen, fetten Katzen von Ulthar keine Nahrung anrühren, sondern nur am Feuer oder in der Sonne dösen.

Es dauerte eine ganze Woche, ehe den Dorfbewohnern auffiel, daß im Abenddämmer in den Fenstern der Hütte unter den Bäumen kein Licht brannte. Dann meinte der dürre Nith, daß keiner den alten Mann oder seine Frau seit der Nacht, in der die Katzen verschwunden waren, mehr gesehen hätte. Noch eine Woche später beschloß der Bürgermeister, seine Angst zu überwinden und von Amts wegen die so befremdlich stille Behausung aufzusuchen, wobei er sich jedoch darauf bedacht zeigte, Shang, den Hufschmied, und Thul, den Steinmetz, als Zeugen mitzunehmen. Und als sie die hinfällige Tür eingedrückt hatten, fanden sie nur dies: zwei peinlich gesäuberte Skelette auf dem irdenen Fußboden und eine Anzahl eigenartiger Käfer, die in den schattigen Ecken umherkrochen.

Hernach gab es viel Gerede unter den Bürgern von Ulthar. Zath, der Leichenbeschauer, disputierte des langen und breiten mit Nith, dem dürren Notar; und Kranon und Shang und Thul wurden mit Fragen überhäuft. Selbst der kleine Atal, der Sohn des Schankwirts, wurde genauestens verhört und bekam ein Stück Zuckerwerk zur Belohnung. Sie redeten von dem alten Kätner und seiner Frau, von der Karawane der dunkelhäutigen Wanderer, vom kleinen Menes und seinem schwarzen Kätzchen,

von Menes' Gebet und vom Himmel während dieses Gebets, von den Taten der Katzen in der Nacht, als die Karawane fortzog, und von dem, was man später in der Hütte unter den dunklen Bäumen in dem abstoßenden Hof fand.
Und am Ende erließen die Bürger dies bemerkenswerte Gesetz, von dem die Händler in Hatheg erzählen und über das die Reisenden in Nir diskutieren; nämlich, daß in Ulthar niemand eine Katze töten darf.

Edgar Allan Poe

Der schwarze Kater

Für die höchst schauerliche und doch so schlichte Erzählung, die ich hier niederzuschreiben mich anschicke, erwart' ich weder noch erbitt' ich Glauben.

Toll wahrlich müßte ich sein, darauf zu rechnen – in einem Fall, wo sich ja selbst die eignen Sinne sträuben, das Wahrgenommene für wahr zu nehmen. Doch toll bin ich gewiß nicht – und gewiß auch träum' ich nicht. Aber nun sterb' ich morgen, und so wollte ich heute noch meine Seele erleichtern. Mein Zweck ist dabei geradheraus der, in offener, kurz und bündiger Weise und ohne Drumherum eine Reihe von bloßen Alltagsereignissen vor der Welt auszubreiten. In ihren Folgen haben diese Ereignisse mich entsetzt – mich gefoltert – mich innerlich zerrüttet und zerstört. Doch will ich nicht versuchen, sie zu deuten. Mir selber haben sie kaum anderes als Grauen gebracht – vielen dagegen werden sie wohl weniger schrecklich denn *baroques* vorkommen. Vielleicht ja findet sich hiernach auch ein Verstand, der meine Phantasmen aufs Gewöhnliche zurückführt – ein Kopf, der ruhiger, der logischer und der weit weniger erreglich ist als meiner und der in den Umständen, die ich mit Grauen hier erzähle, nichts mehr erblickt denn eine gewöhnliche Folge von ganz natürlichen Ursachen und Wirkungen.

Von Kindheit auf schon war ich bekannt für mein lenksames und menschenliebendes Wesen. Meine Herzensweichheit gar trat so auffällig hervor, daß ich darob von meinen Kameraden oft gehänselt wurde. Ich liebte vor allem die Tiere, und der Nachsicht meiner Eltern verdankte ich's, daß in unserm Hause zahlreiche vierbeinige Gefährten um mich waren. Mit ihnen verbrachte ich den größten Teil meiner Zeit, und kein größeres Glück kannt' ich, als sie füttern und streicheln zu dürfen. Diese Charaktereigenart wuchs mit mir, und da ich zum Manne geworden, bildete sie mir eine der Hauptquellen des Vergnügens. Allen denen, die einmal Zuneigung zu einem treuen und klugen Hunde hegten, brauche ich wohl kaum eigens die Natur beziehungsweise die Intensität der Befriedigung zu erklären, welche daraus erwächst. Es liegt etwas in der selbstlosen und aufopfernden Liebe der unvernünftigen Kreatur, das greift einem jeden ans Herze, der häufig Gelegenheit hatte, die nichtswürdige Freundschaft und flüchtige Treue des bloßen *Menschen* zu erproben.

Ich heiratete früh und war glücklich, in meinem Weibe eine durchaus verwandte Seele zu finden. Da sie meine Vorliebe für Haustiere bemerkte, versäumte sie keine Gelegenheit, uns solche der reizendsten Art anzuschaffen. Wir hatten Vögel,

Goldfische, einen schönen Hund, Kaninchen, ein kleines Äffchen und einen *Kater*.
Dieser letztere war ein bemerkenswert großes und schönes Tier, vollkommen schwarz und in geradezu erstaunlichem Maße klug. War von seiner Intelligenz die Rede, so spielte meine Frau, die im Herzen von rechtem Aberglauben angekränkelt war, des öftern auf den alten Volksglauben an, welcher alle schwarzen Katzen als verkleidete Hexen betrachtete. Nicht daß es ihr je *ernst* mit diesem Punkt gewesen wäre; ich erwähne die Sache überhaupt aus keinem bessern Grunde als dem, daß sie mir zufällig just eben jetzt ins Gedächtnis kam.
Pluto – so hieß der Kater – war mein Spielkamerad und mir von allen Haustieren das liebste. Ich allein fütterte ihn, und er begleitete mich auf allen meinen Gängen durch das Haus. Mit Mühe nur konnte ich ihn daran hindern, mir auch noch durch die Straßen zu folgen.
Unsere Freundschaft dauerte in dieser Weise mehrere Jahre fort, während welcher mein allgemeines Temperament und Wesen – durch das Wirken des Bösen Feindes Ausschweifung – (schamrot gesteh' ich's) eine radikale Veränderung zum Schlimmen erfuhr. Von Tag zu Tage ward ich übellaunischer, reizbarer und rücksichtsloser gegenüber den Gefühlen anderer. Ich ließ mich hinreißen, maßlose Worte gegen mein Weib zu gebrauchen. Schließlich gar tat ich ihr Gewalt an. Auch meine Haustiere bekamen natürlich den Wechsel in meiner Gemütsart

zu spüren. Ich vernachlässigte sie nicht nur, ich mißhandelte sie. Für Pluto hatte ich grad noch so viel Rücksicht, daß ich ihn wenigstens nicht mutwillig quälte, indessen es den Kaninchen, dem Äffchen oder gar dem Hunde ohne Skrupel schlimm erging, wenn sie mir einmal durch Zufall oder aus Zuneigung in den Weg kamen. Doch mein Leiden – und welches Leiden ist dem Alkohol gleich? –, es wuchs und ward übergewaltig; und schließlich begann selbst Pluto, der jetzt langsam in die Jahre kam und infolgedessen ein bißchen launisch wurde, die Wirkungen meiner inneren Zerrüttung zu erfahren.

Eines Nachts, da ich, schwer berauscht, von einem meiner Rundzüge durch die Stadt nach Hause kam, bildete ich mir ein, der Kater meide meine Nähe. Ich packte ihn – da brachte er mir, erschrocken ob meiner Heftigkeit, mit seinen Zähnen eine leichte Wunde an der Hand bei. Augenblicklich ergriff eine dämonische Wut von mir Besitz. Ich kannte mich selber nicht mehr. Das, was einmal meine Seele gewesen, schien wie mit einem Schlage aus meinem Körper entflohen; und eine mehr denn teuflische, vom Gin genährte Bosheit durchzuckte schauernd jede Fiber meines Leibes. Ich zog ein Federmesser aus der Westentasche, öffnete es, packte das arme Vieh bei der Kehle und schnitt ihm in voller Überlegung eines seiner Augen aus der Höhle! Ich werde rot, ich brenne, schaudere, während ich diese verdammenswerte Scheußlichkeit niederschreibe.

Als mit dem Morgen – da der Schlaf die Dunstwallungen der nächtlichen Ausschweifung verscheucht hatte – die Vernunft wiederkehrte, durchrann mich ein Gefühl aus Grauen halb und halb aus Reue ob des Verbrechens, dessen ich schuldig geworden; doch war es bestenfalls ein schwaches und zweideutig schwankes Empfinden, das meine Seele unberührt ließ. Ich stürzte mich aufs neue in Exzesse und hatte bald im Weine jede Erinnerung an die Tat ertränkt.
Derweil erholte sich der Kater langsam wieder. Die Höhle des verlornen Auges bot, das muß ich sagen, einen wahrhaft fürchterlichen Anblick, doch Schmerzen schien das Tier nicht mehr zu leiden. Es lief ganz wie gewöhnlich durch das Haus, doch floh's, wie zu erwarten, in äußerstem Entsetzen, wenn ich näher kam. Noch hatt' ich immer so viel Herz in mir, daß mich's betrübte, diese offenbare Abneigung von einem Tiere zu erfahren, das mich einst so geliebt hatte. Doch dies Empfinden machte bald Gereiztheit Platz. Und dann kam, wie um mich endgültig und unwiderruflich zu vernichten, der Geist der PERVERSHEIT über mich. Diesen Geist hat die Philosophie noch gar nicht zur Kenntnis genommen. Doch so gewiß ich bin, daß meine Seele lebt – nicht weniger bin ich's, daß die Perversheit einer der Urantriebe des menschlichen Herzens ist – eine der unteilbaren Grundfähigkeiten oder -empfindungen, welche dem Charakter des Menschen Richtung geben. Wer hat sich nicht

schon hundertmal dabei ertappt, daß er eine niederträchtige oder törichte Tat aus keinem andern Grunde beging denn aus dem Bewußtsein, daß sie ihm verboten sei? Verspüren wir denn nicht – wider all unser bestes Wissen – die fortwährende Neigung, das zu verletzen, was *Gesetz* ist, bloß weil wir es als solches begreifen? Dieser Geist der Perversheit kam, sag' ich, über mich, um mich endgültig zu vernichten. Es war dies unerforschliche Verlangen der Seele, *sich selbst zu quälen* – der eigenen Natur Gewalt anzutun – unrecht zu handeln allein um des Unrechts willen –, das mich drängte, die dem harmlosen Tiere zugefügte Unbill fortzusetzen und schließlich zu vollenden. Eines Morgens legt' ich ihm gänzlich kühlen Blutes eine Schlinge um den Hals und hängte es am Aste eines Baumes auf – erhängte es, indessen mir die Tränen aus den Augen strömten und die bitterste Reue mir das Herz zerriß – erhängte es, nur *weil* ich wußte, daß es mich geliebt hatte, und *weil* ich fühlte, es hatte mir keinerlei Grund zum Ärgernis gegeben – erhängte es, *weil* ich wußte, daß ich damit eine Sünde beging – eine Todsünde, die meine unsterbliche Seele so gefährden mußte, daß – wenn das möglich wäre – selbst die unendliche Gnade des Allbarmherzigen und Schrecklichen Gottes sie vielleicht nicht mehr zu retten vermochte.

In der Nacht nach jenem Tag, an dem die grausame Tat geschehen war, fuhr ich aus dem Schlaf und hörte „Feuer!" rufen. Die Vorhänge meines Bettes

standen in Flammen. Schon brannte das ganze Haus. Mit großer Mühe nur vermochten mein Weib, eine Dienerin und ich selber dem Glutmeer zu entkommen. Die Zerstörung war vollständig. Mein ganzer weltlicher Reichtum war dahin, und fortan überließ ich mich der Verzweiflung.
Ich stehe über der Schwäche, hier etwa zwischen dem Unglück und meiner Untat eine Beziehung wie von Ursache und Wirkung herstellen zu wollen. Doch lege ich eine *Kette* von Tatsachen dar, und darin soll, so wünsch' ich's, nicht das Kleinste fehlen, das möglicherweise ein Glied wäre. Am Tage nach dem Feuer besichtigte ich die Ruinen. Die Mauern waren – bis auf eine – eingestürzt. Diese eine stellte sich als nicht sehr dicke Innenwand heraus, die sich etwa in der Mitte des Hauses befand und an der das Kopfende meines Bettes gestanden hatte. Der Stuckverputz hatte hier in großem Maße dem Wirken des Feuers widerstanden – eine Tatsache, welche ich dem Umstand zuschrieb, daß er kürzlich erst frisch aufgetragen worden war. Um diese Mauer hatte sich eine dichte Menschenmenge versammelt, und viele Leute schienen mit sehr eifriger und minuziöser Aufmerksamkeit eine ganz bestimmte Stelle zu untersuchen. Die Worte „sonderbar!", „eigenartig!" und andere ähnliche Ausdrückungen erregten meine Neugierde. Ich trat näher und erblickte, ganz als sei es ein Basrelief, in die weiße Fläche gegraben, die Gestalt einer riesigen *Katze*. Sie bot einen geradezu

verblüffend natürlichen Eindruck. Um den Hals des Tieres war ein Strick geschlungen.
Beim ersten Anblick dieser geisterhaften Erscheinung – denn für ein andres konnte ich's kaum ansehn – geriet ich vor Verwundern und Entsetzen schier außer mich.
Doch dann kam kühlere Erwägung mir zu Hilfe. Die Katze hatte, so entsann ich mich, in einem an das Haus angrenzenden Garten gehangen. Auf den Feueralarm hin hatte sich dieser Garten unmittelbar mit Menschen gefüllt – und einige aus der Menge mußten dann wohl das Tier vom Baum geschnitten und durch ein offnes Fenster in meine Kammer geworfen haben. Dies war vermutlich in der Absicht geschehen, mich aus dem Schlaf zu wecken. Der Fall der andern Wände hatte dann das Opfer meiner Grausamkeit in den frisch aufgetragenen Verputz gedrückt; dessen Kalk schließlich im Vereine mit den Flammen und dem von dem Kadaver entwickelten Ammoniak das Abbildnis so zustande brachte, wie ich's sah.
Obschon ich solcherart meiner Vernunft, wenn nicht gar meinem Gewissen gegenüber recht rasch eine Erklärung für den verstörenden Tatbestand, den ich soeben geschildert, bereit hatte, so verfehlte derselbe doch nicht, einen tiefen Eindruck auf meine Phantasie zu machen. Monate lang vermochte ich mich nicht von dem Trugbild der Katze zu befreien; und während dieser Zeit kehrte in meinen Geist ein Halbgefühl zurück, das Reue schien,

doch aber keine war. Es kam so weit, daß ich Bedauern empfand über den Verlust des Tieres und mich in den elenden Kaschemmen, deren häufiger Besuch mir jetzt zur Gewohnheit geworden war, nach einem andern Haustiere von gleicher Art und einigermaßen ähnlicher Erscheinung umsah, das seine Stelle einnehmen sollte.

Eines Nachts, da ich, halb betäubt, in einer schon mehr als bloß verrufenen Spelunke hockte, ward meine Aufmerksamkeit ganz plötzlich auf ein schwarzes Etwas gelenkt, welches oben auf einem der ungeheuern Oxhofts voll Gin oder Rum ruhte, aus denen in der Hauptsache die Ausstattung des Raumes bestand. Ich hatte schon einige Minuten lang beständig auf dieses Oxhoft gestarrt, und was mir nun Überraschung machte, war die Tatsache, daß mir das Etwas oben darauf bislang gänzlich entgangen war. Ich trat heran und berührte es mit der Hand. Es war ein schwarzer Kater – ein sehr großes Tier – genau so groß wie Pluto und ihm in jeder Hinsicht ganz ungemein ähnlich – bis auf einen Punkt. Pluto hatte nicht ein weißes Haar an seinem Leibe besessen; doch dieser Kater trug vorn einen großen, obschon unbestimmten weißen Flecken, welcher nahezu die ganze Brustpartie bedeckte.

Auf meine Berührung hin erhob er sich unmittelbar, schnurrte laut, schmiegte sich an meine Hand und schien über meine Aufmerksamkeit recht entzückt zu sein. Dies war genau ein Tier, wie ich es

suchte. Ich erbot mich sogleich, es dem Wirte abzukaufen; doch der Mensch erhob gar keinen Anspruch darauf – wußte gar nichts davon – hatt' es noch nie zuvor auch nur gesehen.
Ich setzte mein Streicheln fort, und als ich mich fertig machte, um heimzugehen, bezeigte das Tier eine deutliche Neigung, mich zu begleiten. Das verwehrte ich ihm nicht, und so gingen wir nebeneinander her, wobei ich mich gelegentlich bückte und ihm das Fell tätschelte. Als es das Haus erreichte, fühlte es sich sogleich dort heimisch und war in kurzem der Liebling meiner Frau.
Was mich jedoch betrifft, so spürte ich bald rechte Abneigung gegen das Tier in mir aufsteigen. Dies war grad das Gegenteil dessen, was ich eigentlich erwartet hatte; doch – ich weiß nicht, wie es kam und warum es so war – seine offensichtliche Neigung zu mir bereitete mir Ekel und Verdruß. Ganz langsam und allmählich wandelten sich diese Empfindungen in bitterlichen Haß. Ich mied die Kreatur, wo ich's nur konnte; wobei mich ein gewisses Schamgefühl und die Erinnerung an meine frühere grausame Tat daran hinderten, ihr körperlich ein Leid zu tun. Wochenlang bekam sie weder Schläge noch irgend andere schwere Mißhandlungen von mir zu spüren; aber allmählich – ganz langsam und allmählich – kam's dahin, daß ich sie nur mit unaussprechlichem Widerwillen noch betrachten konnte und schweigend ihre verhaßte Gegenwart floh wie den Hauch der Pestilenz.

Was ohne Zweifel meinem Hasse auf das Tier hinzukam, war – an dem Morgen, nachdem ich es mit heimgebracht – die Entdeckung, daß es ganz ebenso wie Pluto eines seiner Augen eingebüßt hatte. Dieser Umstand machte es jedoch nur um so teurer für mein Weib, das, wie ich schon gesagt habe, in hohem Grade jene Menschlichkeit des Fühlens besaß, welche einst mein eignes Wesen ausgezeichnet und die Quelle vieler meiner schlichtesten und reinsten Freuden gebildet hatte.
Mit meiner Aversion gegen diesen Kater jedoch schien gleichzeitig seine Vorliebe für mich zu wachsen. Stets folgte er meinen Spuren mit einer Hartnäckigkeit, welche dem Leser begreiflich zu machen schwerfallen würde. Wann immer ich mich irgendwo niederließ, kroch er unter meinen Stuhl, um sich dort hinzukuscheln, oder sprang mir auf die Knie, um mich mit seinen widerwärtigen Liebkosungen zu bedecken. Erhob ich mich, um zu gehen, so geriet er mir zwischen die Füße und brachte mich dadurch fast zu Fall, oder er schlug seine langen und scharfen Krallen in meinen Anzug und kletterte mir in dieser Weise zur Brust hinauf. Obschon es mich zu solchen Zeiten verlangte, ihn mit einem Hieb zu erschlagen, hielt mich doch immer wieder etwas davon ab: – zum Teil war's die Erinnerung an mein früheres Verbrechen, doch in der Hauptsache – ich will's nur gleich gestehen – war's regelrechte *Furcht* vor diesem Tiere. Es war dies freilich durchaus keine

Furcht vor körperlichem Schaden – und doch wieder wäre ich verlegen, wie anders ich's beschreiben sollte. Fast ist es mir genierlich zu bekennen – ja, selbst in dieser Verbrecherzelle hier befällt mich nachgerade Scham bei dem Geständnis, daß all das Entsetzen und Grauen, welche das Tier mir eingeflößt hatte, recht eigentlich erhöht noch worden waren durch ein Hirngespinst, wie man es sich kaum trügerischer vorzustellen vermag. Mehr denn einmal hatte meine Frau mein Aufmerken auf die Bildung jenes Flecks von weißem Haar gelenkt, von welchem ich zuvor schon berichtet habe und das den einzigen sichtbaren Unterschied zwischen dem fremden, neuen Tiere und jenem, das ich umgebracht, ausmachte. Der Leser wird sich erinnern, daß dieser Fleck, wenn schon groß, ursprünglich sehr unbestimmt gewesen war; doch nach und nach, ganz langsam und allmählich – ja, fast kaum wahrnehmbar, so daß meine Vernunft sich lange Zeit mühte, das Ganze als phantastisch abzutun – hatte er am Ende einen schauerlich eindeutigen Umriß angenommen. Es war nun die Darstellung eines Gegenstandes, den zu nennen es mich graut – und um dessentwillen ich vor allem Ekel litt und Angst und gern des Untiers mich entledigt hätte, *hätt' ich's nur gewagt!* – Es war nun, sage ich, das Abbild eines scheußlichen, gespensterlichen Dinges – war das Bild des GALGENS! – oh, grausig, gräßlich Werkzeug des Entsetzens und des Verbrechens – der Seelenangst – des Tods!

Und nun erst wahrlich übertraf mein Elend den ganzen Jammer menschlicher Natur. Und nur ein *unvernünftiges Geschöpf* – dess' Artgenossen ich verachtungsvoll getötet – ein *rohes Vieh* vollbracht' es, mir – mir, einem Menschen, geschaffen nach dem Bild des Höchsten Gottes – so viel unsägliches, so unerträgliches Weh-Leiden zu bereiten! Ach! nicht bei Tage noch tief in der Nacht erfuhr ich mehr die Segnungen der Ruhe! Bei Tage ließ die Kreatur mich nicht mehr einen Augenblick allein; und in der Nacht fuhr ich aus unaussprechlich grausem Angstgeträum wohl stündlich auf, nur um den Atem *des Dinges* heiß auf dem Gesicht zu spüren und sein erdrückendes Gewicht – das eines fleischgewordnen Albs, den abzuschütteln ich die Kraft nicht hatte – nun auch im Wach-Sein ewig auf dem *Herzen*!
Unter dem Druck von Qualen wie diesen mußte der schwache Rest des Guten in mir zum Erliegen kommen. Böse Gedanken wurden meine einzigen Vertrauten – die finstersten und schlimmsten aller Gedanken. Die Verdrießlichkeit meines gewöhnlichen Naturells wuchs zum Haß auf alle Dinge und die ganze Menschheit; indessen mein Weib als ach! die stillste aller Dulderinnen klaglos all die häufigen, jähen und unbezwinglichen Ausbrüche der Wut über sich ergehen ließ, denen ich mich blind und rücksichtslos hingab.
Eines Tages begleitete sie mich auf irgendeinem Haushaltsgange in den Keller des alten Gebäudes,

das unsre Armut uns nun zu bewohnen zwang. Der Kater folgte mir die steilen Stufen hinab, und als ich seinetwegen einmal fast der Länge nach hingeschlagen wäre, packte mich eine wahnsinnige Wut. Mit einemmal hatte ich in meinem Grimm die kindische Furcht vergessen, welche meiner Hand bis hierher Einhalt getan; ich packte eine Axt, holte aus und führte einen Streich nach dem Tiere, der ihm gewiß im Augenblick verhängnisvoll geworden wäre, hätte er so getroffen, wie ich's wünschte. Doch dieser Schlag ward von der Hand meines Weibes aufgehalten! Ob dieser Einmischung wandelte sich meine Wut in mehr denn dämonisches Rasen: Ich entzog meinen Arm ihrem Griffe und grub ihr die Axt ins Hirn. Ohne auch nur einen Seufzer fiel sie auf dem Fleck tot nieder.

Kaum war diese scheußliche Mordtat vollbracht, so begab ich mich alsbald in voller Überlegung ans Werk, den Leichnam zu verbergen. Ich wußte, daß ich ihn weder bei Tage noch bei Nacht aus dem Hause bringen konnte, ohne Gefahr zu laufen, von den Nachbarn bemerkt zu werden. Mancherlei Projekte kamen mir in den Sinn. Eine Zeitlang dachte ich daran, die Leiche in winzige Stücke zu schneiden und diese durch Feuer zu vernichten. Ein andermal faßte ich den Entschluß, im Kellerboden ein Grab dafür auszuheben. Dann wieder erwog ich, sie in den Brunnen im Hof zu werfen – sie unter den üblichen Vorkehrungen wie eine Handelsware in eine Kiste zu packen und diese

dann durch einen Dienstmann aus dem Hause schaffen zu lassen. Schließlich verfiel ich auf etwas, das ich für einen weit bessern Ausweg ansah denn das Bisherige. Ich beschloß, die Leiche im Keller einzumauern – ganz wie's die Mönche des Mittelalters mit ihren Opfern getan haben sollen.
Für einen Zweck wie diesen war der Keller recht wohl geeignet. Seine Wände bestanden aus ziemlich lockerem Mauerwerk und waren erst kürzlich durchwegs mit einem groben Mörtel verputzt worden, dessen Hartwerden die dumpfe Feuchtigkeit der Atmosphäre verhindert hatte. Überdem befand sich an einer der Mauern ein Vorsprung, bedingt durch einen blinden Schornstein oder Kamin, und ihn hatte man aufgefüllt und dem übrigen Keller angeglichen. Ich hegte keinen Zweifel, daß ich an dieser Stelle leicht die Ziegel entfernen, den Leichnam hineinbringen und das Ganze wieder aufmauern könnte wie zuvor, ohne daß hernach ein Auge noch irgend Verdächtiges zu bemerken vermöchte.
Und in dieser Berechnung sah ich mich auch nicht getäuscht. Mit der Hilfe einer Brechstange entfernte ich die Ziegel, und nachdem ich den Körper sorgfältig an die Innenwand gelehnt hatte, stützte ich ihn in dieser Haltung ab und führte sodann ohne viel Schwierigkeit die ganze Mauer wieder auf, wie sie ursprünglich gestanden hatte. Mörtel, Sand und Mauerwolle hatte ich bereits unter allen möglichen Vorsichtsmaßregeln besorgt; so rührte

ich jetzt einen Verputz an, der von dem alten nicht zu unterscheiden war, und strich ihn sehr sorgfältig auf das neue Mauerwerk. Als ich damit fertig war, fand ich alles zu meiner Zufriedenheit gelungen. Man sah der Wand auch nicht die mindeste Veränderung an. Der Schutt auf dem Boden wurde mit der peinlichsten Sorgfalt aufgekehrt. Ich blickte triumphierend in die Runde und sprach zu mir selbst: „Also hier wenigstens ist meine Mühe nicht vergeblich gewesen."

Mein nächster Schritt bestand darin, nach dem Tiere Ausschau zu halten, das die Ursache so vielen Elends gewesen war; denn ich hatte mich unterweil fest entschlossen, es zu Tode zu bringen. Wär' ich's in diesem Augenblick imstande gewesen, es zu erreichen, sein Schicksal hätte keinem Zweifel unterlegen; doch wie es schien, war das verschlagene Biest ob der Heftigkeit meines frühern Wutanfalles in Unruhe geraten und vermied es, mir bei meiner gegenwärtigen Gemütslage über den Weg zu kommen. Es ist unmöglich, zu beschreiben oder auch nur sich vorzustellen, welch tiefes, welch beseligendes Gefühl der Erleichterung mir die Abwesenheit der verhaßten Kreatur im Busen schuf. Sie trat die ganze Nacht nicht in Erscheinung – und somit war es mir, seit ich sie damals mit ins Haus gebracht, für eine Nacht zum mindesten gegeben, gesund und seelenruhig auszuschlafen; jawohl, *zu schlafen* – selbst noch mit der Last des Mordes auf der Seele!

Der zweite und der dritte Tag vergingen, und immer noch erschien mein Quälgeist nicht. Oh, endlich wieder atmete ich als ein freier Mensch! Das Untier war aus Schreck für immer aus dem Haus geflohen! Ich würd' es nimmer wiedersehen müssen! Mir schwindelte vor Glück! Die Sorge vor den Folgen meiner finstern Tat störte mich dabei nur wenig. Wohl war es zu einigen Vernehmungen gekommen, doch hatte ich alle Fragen prompt und glatt beantwortet. Sogar eine Haussuchung war schließlich vorgenommen worden – aber zu entdecken war natürlich nichts. Ich betrachtete mein Zukunftsglück als gesichert.

Am vierten Tage nach dem Meuchelmord kam sehr unerwarteterweise eine Gruppe Polizisten in das Haus und ging abermals daran, das ganze Grundstück rigoros zu durchsuchen. Sicher jedoch, daß mein Verstecksort unauffindbar sei, empfand ich nicht die mindeste Beunruhigung. Die Beamten baten mich mit einiger Bestimmtheit, sie auf ihrem Rundgang zu begleiten. Sie ließen keinen Winkel, keine Ecke undurchsucht. Schließlich stiegen sie, zum dritten oder vierten Male schon, in den Keller hinab. Ich zuckte nicht mit der Wimper. Mein Herz schlug ganz so ruhig wie bei einem Menschen, der in unschuldigem Schlummer liegt. Ich durchmaß den Keller von einem Ende zum andern. Ich verschränkte die Arme über der Brust und schritt in völliger Gelassenheit auf und ab. Die Polizei war ganz und gar zufriedengestellt und

schickte sich zum Gehen an. Da war die Freude in meinem Herzen zu mächtig, als daß ich sie hätte zurückhalten können. Ich brannte darauf, meinem Triumph Ausdruck zu geben, und sei's mit einem Wort nur, und sie in ihrer Überzeugung von meiner Schuldlosigkeit doppelt sicher zu machen.
„Meine Herren", sagte ich denn schließlich, als die Gesellschaft bereits die Stufen hinanstieg, „ich bin entzückt, Ihre schlimmen Verdächtigungen entkräftet zu haben. Ich wünsche Ihnen alles Gute und ein bißchen mehr Höflichkeit. Übrigens, meine Herren, das Haus – dies Haus hier – ist doch ein sehr solider Bau, finden Sie nicht auch?" (In meinem tollen Verlangen, irgend etwas leichten Sinns zu sagen, wußte ich kaum noch, was ich da eigentlich redete.) „Ja, ich darf wohl sagen, ein geradezu prachtvoll solider Bau! Diese Wände – ah, Sie wollen schon gehen, meine Herren? – diese Wände – alles grundmassive Mauern – –" Und damit pochte ich, aus bloßem wahnwitzigen Übermut, mit einem Stocke, den ich in der Hand hielt, genau auf diejenige Stelle des Ziegelwerks, dahinter der Leichnam meines Herzensweibes stand.
Doch mög' mich Gott beschirmen und beschützen vor den Fängen des Erzfeinds! Noch waren meine Schläge nicht in der Stille verhallt, da schallte es mir Antwort aus dem Grabesinnern! – ein Stimmlaut – wie ein Weinen, erst gedämpft, gebrochen, dem Wimmern eines Kindes gleich, doch dann – dann schnell anschwellend in ein einziges grelles, langan-

haltendes Geschrei – ein Heulen – ein Klag-Geschrill, aus Grauen halb und halb aus Triumph gemischt, so widermenschlich und -natürlich, daß es nur aus der Hölle selbst heraufgedrungen sein konnte, vereinigt aus den Kehlen der Verdammten in ihrer Pein und der Dämonen, die ob der Qualen jauchzen und frohlocken.

Was soll ich noch von meinen eigenen Gedanken sprechen! Mit schwindenden Sinnen taumelte ich zur gegenüberliegenden Wand hinüber. Einen Augenblick lang blieb die Gesellschaft auf der Treppe reglos, im Unmaß des Entsetzens und des Grauens. Doch schon im nächsten mühten sich ein Dutzend derbe Arme an der Mauer. Sie fiel zusammen. Der Leichnam, schon stark verwest und von Blut rünstig, stand aufrecht vor den Augen der Betrachter. Auf seinem Kopfe aber saß, mit rot aufgerissenem Rachen und feuersprühendem Einzelaug', die scheußliche Bestie, deren Verschlagenheit mich zum Morde verführt und deren anklagende Stimme mich dem Henker überliefert hatte. Ich hatte das Untier mit ins Grab gemauert!

Kurt Schwitters

An Franz Marc

Katzen
          beinen
Katzenbeinen Menschen Lust
Menschen welten Erde runden die Katzen
Katzen pfoten das zahme Gras
kreuzen Faden Strich
Hirnen Lust Geheul die zwanzigtausend Katzen
Tintenpfoten schwänzen Katzen Raum
Und Räume, Räume, Räume Katzen
Und Katzen, Katzen, Katzen Räume
Und Pfoten, Pfoten, Pfoten Lichter
Mensch

Die Katze ist, laut Wuttke, wahrsagend und hat Zauberkraft. Eine dreifarbige Katze schützt das Haus vor Feuer und anderem Unglück. Wer sie ertränkt, hat kein Glück mehr oder ist sieben Jahre lang unglücklich; wer sie todtschlägt, hat ebenfalls kein Glück; wer sie schlägt, muß es von hinten thun. Die Katze zieht Krankheiten an sich; ihre Leiche dagegen, unter Jemandes Thürschwelle vergraben, bringt dem Hause Unglück. Katzenfleisch ist gut gegen die Schwindsucht, wer aber ein Katzenhaar verschluckt, bekommt diese, und wenn es ein kleines Kind thut, wächst es nicht mehr. Schwarze Katzen dienen zum Geldzauber und zum Unsichtbarmachen, zum Schutze des Feldes und des Gartens, zur Heilung der Fallsucht und der Bräune, schwarze Kater insbesondere zu unheimlichem Zauber. Erreichen sie das Alter von sieben oder neun Jahren, so werden sie selbst zu Hexenwesen und gehen am Walpurgistage zur Hexenversammlung oder bewachen unterirdische Schätze … Wenn die Katze sich putzt oder einen krummen Buckel macht, bedeutet es Gäste. Fährt sie sich mit den Pfoten über die Ohren, so kommt vornehmer Besuch; macht sie die Hinterbeine lang, so kommt Jemand mit einem Stecken; wen sie aber ansieht, während sie sich wäscht, hat an demselben Tage noch eine Tracht Prügel zu gewärtigen. Wenn eine Katze vor dem Hause schreit, gibt es in demselben bald Zank oder Unheil, selbst Tod; wenn die Katzen in einer Freitagsnacht sich zanken, geht es bald darauf auch im Haue unfriedlich zu; wenn vor der Trauung eine Katze vor dem Altare sitzt, wird die Ehe unglücklich.

Nur hie und da urtheilt man milder über das zierliche Geschöpf, so in Süddeutschland und in den Rheinlanden, wo man den Aberglauben hegt, daß ein Mädchen, welches eine glückliche Ehe haben will, die Katze gut füttern müsse – eine Vorschrift, welche auch ich allen Mädchen und Hausfrauen bestens empfohlen haben will.

Brehms Thierleben, Leipzig 1876

Inhalt

*Titel von der Herausgeberin

Quellen- und Copyrightvermerk